新版

これだけは知っておきたい

教師の禁句・教師の名句

諏訪耕一・馬場賢治・清水慶一 編著

黎明書房

はじめに

初出版よりご好評をいただいています『教師の禁句・教師の名句』（一九九六年二月初版）も十五年を経て、手垢のつくような著作になったのでは、と感じていたところに、黎明書房より「社会の変化もあり、改訂版を出しては」との誘いを受けました。

私としては、渡りに船、という思いとともに、心機一転を期して、今日の教育・学校環境の変化に対応した内容の『新版 教師の禁句・教師の名句』を出すことを決意したのです。この十五年の間には、社会全般の変化も大きなものがありましたが、わけても学校・教師をとりまく環境や仕組みに大きな変化があったと思います。前作で比重を置いた「いじめ」や「不登校」などは、その内容が大きく変質するとともに、それを見守る地域社会や保護者の視点の変化も大きいように思われます。

さらにここ十年ほど前から、教育現場では、いわゆる「モンスターペアレント」と呼ばれる人々の出現による困惑・混乱です。また、目を転ずれば、若者の公共の場、中でも電車内での化粧や飲食の日常化などの変化があります。

また別の意味での変化では、生徒たちの電車内での騒々しさがなくなり、各自が黙々と携帯でメールに熱中している（大人でも増加していますが）姿が多く、静かな車内風景になったことです。私は、これでは精神発達上のスーパーエゴを獲得する「自他の並立」での、友だちとの喧々囂々の論じ合いや、妥協するという体験が不足した若者が増加して、彼らが大人になったときが少し心配だ、という危惧を抱いています。

学校自体でも、外部校長の登用や教員免許の十年更新制、それに伴う講習会というような変化と、「ゆとりある教育を」と実施された教育課程を改変して学習内容の強化を計り、四十年ぶりの学力テストの全国一斉実施とその修正、等々の変更・変化はこの十五年の間に、枚挙にいとまがありません。そして、今後もこのような変更や修正は続くものと思われます。

戦前の義務教育は、国定教科書で、教え方も師範学校教育の徹底により全国同じようなもので、正に国家統制による教育でした。どこへ転校しても教育内容で困ることがない代わりに、地方の特色ある教育はありませんでした。

私事ですが、戦争末期の国民学校での算数のテストの時、当時は紙が不足していて、いろいろな用紙の裏面を利用していたのですが、何気なく表を見たら、同じ問題の考査用紙で、しかも採点がしてあり、私は○印の答えを写させてもらい、「よい成績だ」と先生に褒められた記憶があります。それほど戦前の教育は確固不動、と言えば聞こえはいいのですが、変化のないもので、教育内容についての批判や非難は、ほとんど存在する余地のないものでした。

それが一九四五年八月十五日の敗戦を期に教育も根本から改められ、国民の手に教育が委ねられたのです。いろいろな教科書で、各大学の教員養成課程の卒業生を教師に採用し、学校は各地の教育委員会による統率・指導のもとに運営するという、いわゆる自治の制度を根幹とすることになったのです。その結果、当然のことながら、いろいろな教え方・いろいろな教科書・いろいろな学校・いろいろな教育委員会が生まれ、その教育で育った地域社会の人々も、当然、いろいろな主張・いろいろな考え方を持ち、いろいろな振る舞い方をするようになりました。

従って、現在の教師のみなさんは、戦前の教師の何倍もの主義・主張を聞き、批判を受け、時には非難すらされるようになったのです。現在の教師たちに、精神的な起因による休職者が多いのは、これらの多様な要求に応えようとした故である、と私は考えています。

戦前の教師のように、パターン化した教科指導と道徳教育では、今日ではもはや教育できなくなったのです。現今の教育の複雑多岐にわたる内容は、戦前の教師とは比較にならないのはもちろんですが、今の教師の仕事ほど広範で、対応の多様さを求められる職種はないのでは、と私は思っています。故に、教師の精神的な原因での休職者の増加は、教師たちが教育の手抜きをしない限りは、減少しないのでは、と私は心配しています。少しでもそんな辛い立場の教師のみなさんの支援になれば、という思いで本書を執筆しました。

第2章以降の事例での登場人物名は全て仮名です。実在の人とは関係ありません。

諏訪耕一

目次

第2章　就学前 …… 35

第3章　小学校一年生から四年生……63

第5章　中学校三年生から高校三年生 149

第1章　本書のねらい

はじめに

「教育」という領域から「教える」行為の比重が軽くなることはないであろうし、あってはならない、と私は思っています。ですが、現職の教師たちの話を聞くと、現在の教育現場では「教える」という行為が重要視されていない、しようともしない、という風潮が強く蔓延しているといいます。今の学校現場では「教える」行為そのものの評価の前に、教師の姿勢やあり方を俎上にのせて、教育の批判・非難に走る保護者が出現しています。さらにそれらに追随する大勢の人々の声高な発言への対応に、教育委員会や校長たちは、奔走するようになってしまっています。肝心の「教育」の本質を逸脱したような論争に巻き込まれている姿が、各地、各校で散見されるようになってきたように思えます。

学校は「教育」が本業であり、専業でもあります。それが現在では、教師の多くの時間やエネルギーが、本質からはずれた分野に費やされているのが現実のようです。学校で教える「教育」の本質、目指すもの、専念すべき職務は何なのか、何を基本とすべきか等を、改めて考えることが必要なのではと思います。

私は今、全ての教師の方々に「教育」で大切なこと、手を抜いてはいけないことは何なのかを考えていただきたいと思います。

そんな視点で見てみると、教師として欠くことのできないものが見えてきます。まずは、児童・生徒への教科指導を主とする学力の定着・向上です。二つめは、対児童・生徒との関係を良好にして、教育の効果を高めること、即ち児童・生徒のこころの理解（生徒理解）を深めることだと思います。この二つがバランスよく働くようにするとともに、教師が自己の教育技量を磨き、高くすることが教師に課せられた職分でもあり、使命でもあるのです。これらがうまく働いてさえいれば、いわゆる「学級崩壊」はないものと思います。

教科指導は、ほぼ経験に準じますが、生徒理解は、各教師の日常の努力に比例します。大学での教員養成課程の講座での習得は、むずかしいのです。

「あの先生は……」と、批判や非難の的にされる事柄をみると、児童・生徒のこころを理解していないか、気持ちをわかっていないことに起因するのがほとんどです。

優れた教師（？）とか、立派な教師、といわれる人の多くは、担当している児童・生徒との間に、信頼関係が成立していて、教師と児童・生徒の間に、こころの交流すら醸成している場合が多いのです。教師に生まれた人はいないし、教師になれない人もいないと、私は思っていますが、立派な教師と評される人の多くは、教師になってから、教科指導法への研鑽はもちろんのこと、生徒理解の面でも、児童・生徒のこころを知り、寄り添う工夫と努力を積み重ねた結果、そのように評価されているのだと思います。

私も現職時には、そういう努力を怠りながら「あの子は俺の気持ちを知らずに、勝手なことをいっている奴だ」という、多くの教師に接してきました。子どもたちを力で押さえつけることは論外ですが、自らの努力を棚上げしている教師もまた論外だ、と私は思ったものです。

みなさんは本書を読まれて、そういう教師・指導者にはならないでいただきたいと、私を含め執筆者たちは願っています。

そんな教師論はともかくとして、教育という仕事を続けるのに欠くことのできないものは、先の教科指導と生徒理解に加え、教師自身の教育技量の琢磨と高潔さ（レベルの高低は措いて）であり、次いでは担当する児童・生徒との信頼関係の成立と維持でしょう。この四つが教師を生業とする人々には欠くことのできないものだ、と思います。児童・生徒が教師のことばを真摯に受けとめて、その子なりに自分で考え、吸収してくれる、あるいは逆に、児童・生徒のことばをきちんと教師が受けとめる、という信頼関係の成立です。表現を変えれば、教師の教える技量（教科指導）の向上と生徒理解が成り立っていても、教師自身が信頼に値し、児童・生徒との間に信頼し合える関係の成立がなければならない、ということです。本書は、その信頼関係を構築し、強化する教師と児童・生徒の関係のあり方をこの第1章で、第2章以降では事例を挙げて、巧拙の説明を加えてあります。なお、この構成は前作の『これだけは知っておきたい教師の禁句・教師の名句』を踏襲しています。

よい教師とは

教師が立派な道を説いても、その教師の日頃の言動と隔絶していれば、とても児童・生徒のこころに入ってはいきませんし、といって常に道を説いていては、「またか」と反発すらします。教師が児童・生徒に発する「問いかけ」や「声かけ」は、そのことばの内容の適・不適と、それを聞く対象者の心構えと、さらには、あなたと児童・生徒との信頼関係の度合い（時には反発・反抗もある）によって、対象の児童・生徒のこころに浸み入るか、否かが決まるのです。

それは正に、どんなとき（T）に、どのような場（P）で、どのようなことば（O）で説明するかです。が、教師の生徒への「声かけ」や「問いかけ」には、これだけでは不十分で、対象の児童・生徒との信頼関係の度合いで、ことばそのものも吟味しなければなりません。反発しているものへの「声かけ」と、好意を抱いているものへの「声かけ」には、ことばそのもの（語彙）にも配慮が必要です。第二章の事例の末尾の「このように言ってみてはどうでしょう」には、その時の例文（モデル文）が示してあり、みなさんにどうしてこれが効果的なのかを考えていただく参考にしていただければ、と思います。

人間関係は、立派なことばが必ずしも立派な効果を生むわけではありません。「お前はバカだ」と言われて発奮した者もいれば、意気消沈してしまった人もいます。励ましが励ましの効果を挙

ます。
成立の条件と方法を会得されて、今後の生徒理解や学級運営に生かしていただければと願っています。

そのために欠くことのできないものは、と考えてみれば、いくつかの解答が得られるのでは、と思います。まずは、教師の側（指導者）が、私のことば（気持ち）をわかってほしい、理解してほしい、諒承してほしい、と願っている児童・生徒（対象者）との間に、相互の信頼関係が成立しているか否か、が一つです。それが成立していることが大切な前提条件ではありますが、でも、発想を逆転させれば、信頼関係が成立していない、否、反抗されているような関係であったとしても、それを利用する方法もあるのです。

何事にも「逆も真なり」といわれるように、例え「四面楚歌」であるあなたでも、発想を変えれば道は通じるのです。そう考え、実践してみることがまずは大切であり、それが教師や指導者のみなさんを成長させるのです。何よりもそう考えることが現状打破を願う指導者のあなたの第一歩になるのです。正に「千里の道も一歩から」なのです。孫子の有名なことばに「彼を知り、己を知れば、百戦して殆からず。彼を知らずして己を知れば、一戦一負す。彼を知らず己を知らざれば、戦うごとに必ず殆うし」とあるように、洞察力を身につけることが何事にも大切なのです。

仮に自分の思いや考えと反対の発言であったとしても、その児童・生徒の発言を「君の意見も考えてみれば一利あると思う。私ももう一度考えてみよう」と教師が応ずれば、「反対される」との予想をしていた児童・生徒にとって、教師のそのことばは、その子のこころにどう届くでしょうか。少なくとも反抗・反発の気持ちは弱まるでしょう。笑顔で言えば笑顔で応じてくれるかも知れません。思考や意見の一致には至らないとしても、対立・反抗の気持ちは弱まるでしょう。このような体験を何回も経れば、やがては両者の感情は好転します。

でも一度の発言で対象の児童・生徒の感情を好転させることは無理というものです。例え幼稚園・保育園の子どもでもそれほど軽い気持ちで先生に反抗するものではない、と私は孫を通して知りました。日頃の少しずつの積み重ねが、やがて反抗心を溶かし、好転させ、良好な関係を形成するのです。このようなこころの問題に特効薬はないのです。が、その代わりにあなたの日常の関係改善の努力の継続が、やがては「昨日の敵が今日の味方」に変えられるのでもあります。人のこころは、永久不変ではなく、その人の、相手に対する気持ち（心構え）で変化する柔軟性をもっています。初対面では、取り敢えずの相手に対する心構えを形成するのですが、それが固定化しない限り、簡単に変容することは、私たちの日常生活でもよく経験していることです。

昔は引っ越した人が、隣近所に粗品を配り、よりよい印象を得るようにしていたもので、それが例え粗品であっても、手ぶらの挨拶よりはるかにその後の近所づき合いに効果があったので、それ故にこそ今も伝統として残っている風習でしょう。でも大切なのは、その後の隣近所との交流にあるのは当然のことで、粗品を渡したからその後も好意をもってもらえる、と思うのは少し軽率でしょう。このことは、教師と児童・生徒との関係も同様であって、教え子だから、といっても手抜きは禁物です。児童・生徒（対象者）と教師（指導者）の間といえども、相互の信頼、信用を得ることは、こころの問題（気持ち・感情）であって、年齢、性別、社会経験の長短はそれほど影響はありません。好きなものは好きで、嫌いなものは嫌いであるのは、これまた年齢、性別、生活経験の多寡は問いません。それが人の感情であって、人の気持ちなのです。

人の気持ちを変えるには

昔から「あばたもえくぼ」といわれるように、「好き」なのはその人自身の気持ち（感情）であって、それで他者を拘束することはできません。そのことは、ことばをつくしても児童・生徒や保護者に理解してもらえず、ついにストレスによる精神的疾患（うつ病や適応障害など）で休職を余儀なくされてしまう教職員が二〇〇九年度に五四五八人にも達し、また、自ら望んで校長や教頭・主幹教諭から一般教諭に降格する「希望降任制度」を利用した教師が、二二三人に達した（対前年度比四四人増加）ということからもわかります。だからこそ、本書の出版の意義があるのでは、とも自負しています。先の出版から十五年で今日のような教育環境になるとは予想もできず、それが本書の改訂版を出すにいたった所以でもあります。

人の気持ちを振り向かせるのには、いろいろな方法や手段があります。物品を贈るのは「貫一お宮」に代表される古典的な方法で、この行為は人間のみならず動物界にもあるようです。でも今日の世代では、とても物品のみで相手の心変わりを期待するのはむずかしいのです。「手練手管」とか「手を変え、品を変え」ともいわれるように、人のこころを惹く（買う）のは容易ではないのです。だからこそ恋愛小説が、永遠のテーマになるのでしょう。

ことほど左様に人心を惹きつけたり、変えるのは「至難の業」というものですが、でも、ここの動きを分析すれば、人のこころといえども、方法や手段を研究し、うまく実践すれば不可能ではないと思います。そのことは過去の歴史的な出来事が実証していることです。二〇〇九年夏の劇的な政権交代を、人々が「どうしてこれほど大幅な政権交代が実現したのか」と、驚いたのに、翌年の二〇一〇年の参議院議員の通常選挙の変化をみてみると、成立一年弱の政権党に対して「言っていたこと（マニフェスト）と現実がチグハグ過ぎる。こんなはずではなかった」と、人心は衆議院と反対に野党が多数、という選挙結果を検証してみれば、説明できるのでは、と思います。この衆議院議員と翌年の参議院議員の選挙での人心の動きは、時には大方の予想を越える大きな変化を招くことがあることを実証してくれたのです。

でも最優先させるのは、対立している児童・生徒との融和・疎通です。学級全体に話しかけることで、全体の者に、マイナスではなく、プラスの印象を与え、拡大させることは、日常のあなたの声のかけ方によります。「私はみなさんに、○○について△△のように考えてほしい」とか「今日は○○について考えてみよう。太郎君は昨日『先生の言うことは□□で変だよ』と言ってくれた。先生もその考えを聞いて考えてみた。そうしたら太郎君の言う□□がもっともだ、と気づいた。で、先生が昨日言った△△のことは、太郎君の言った□□に改める。太郎君ありがとう」というように言えば、全体の考え方や雰囲気は、少しは好転するもの、と思います。

またこうした他者の考えを取り入れるモデルを、教師や保護者が示すことで、「自説の変更」（本章末尾三二頁の「精神発達図」を参照してください）を教えることにもなります。余談になりますが、私は一九九四年〜二〇〇三年の間、神経症状的な不登校児者の回復施設「浪合こころの塾」を自費で設立し、他者との関わりの不得手な児者の友人との交流の促進と拡大の実験・実践のために、故意に前記のような場面を設けて、他者の考え、主張を採り入れる体験をさせました。その結果、神経症状者に多い自説の固執は、ずいぶんと柔軟になり「まっ、いいか」とか「うん、そうするよ」「明日、また話し合おう」とかのことばを口にするようになり、それを登校へのプログラムを一歩進める指標の一つにしていました。教師や保護者は、このような「自説の変更」には、面目があり、容易には児童・生徒の前では示さないのが普通ですが、できましたら、変更のモデルを演じていただければ「自他の並立（併立）」への成長を促す効果も大です。

全体の雰囲気は、時と場と場合（TPO）を考えて発言（内容とともに語彙も大切）を考慮して行えば、相乗効果も期待できます（特に保護者に対しては有効）が、対個人の場合は、その対象者（園児・児童・生徒）との個人的な感情が優先していて、それが良好でない時は、下手に棹させば悪化の方へ流れる恐れが大きくなってしまいます。個人が対象の時は、寄り添うことが基本ですが、個人だから容易とは考えず、感情的に対立している（先生を好きでない、先生は私を嫌っていると思っている）者に、その気持ちを変化させるのは容易ではないのです。それは、児童・生徒があなたに反抗している感情（いや・嫌いの気持ち）を解きほぐすことから始めねばならないからです。寄り添うことは、初発の、取り敢えずの「あなたの、そう思う（感じる）ことはわからないでもない（そう思うことは、少しは私にもわかる）」というような「声かけ」が可能だからです。もちろん、その後の融和・疎通が大切なことは当然です。寄り添うのは、カウンセリングのカウンセラーのように「あなたの、そう思う気持ちは、私も無理はない、と思います」と、一旦は受け入れることが大切です。どんなことでも、順風満帆のスタートと、逆風のスタートでは、その後の航海に、大きく影響することは当然のことです。

人が人を理解する、ということは大変にむずかしい行為であって、それは何と何の条件を満たせば可能だ、というようなことではないからです。あなたが、相手のこころを解するのがどれほど大変か、ということは日常の教師としての務めで十分に体験されているとは思いますが、逆に自分のことを児童・生徒に理解をしてくれるように求めることも同様で、相手にとって大変むずかしいことなのです。同僚の教師と同じことをしていて、自分だけより深い理解を児童・生徒に求めることは無理なのです。あなたの日頃からの児童・生徒の接し方の努力と実践の積み重ねとあなた自身に児童・生徒に寄り添う姿勢が身についていないと、あなたを理解してもらうのはむずかしいのです。他の人に自分を理解してもらったり、解ってもらうのは、当人の弛まぬ努力の積み重ねがあってのことです。特に自分の学級の児童・生徒の多くに理解してもらうのは、そのような努力が基本にあったからこその成果で、児童・生徒に自分を理解してもらうのに偶然やコネは期待しないのがよい、と私は考えて現職の時は実践してきました。

全員に好かれるのは難しい

とはいえ留意してほしいのは、自分の学級の全員に好意や好感をもってもらう、とは考えないことです。幼保や小学校の低学年は短期間ならば可能ですが、精神発達が〈自我〉の域に到達すれば（九～十歳頃）、各自の自己主張が始まり、全体でする行事等を除けば、全員のこころを一つにまとめることはむずかしくなります。このころになると児童・生徒は担任外に、好意を抱く教師をみつけるようになります。中学校二～三年生頃の〈超自我〉に到達すると、目的のために は少々の自分を抑えて、共通の目標にみんなで協力できるようになります。行事、特に運動会や学校祭での応援に、中学三年生や高校生は見事に一致団結ぶりを発揮します。うまくまとまれないから、中学一、二年生はダメ、ということではないのです。彼らは自己主張中なのであって、三年生になれば一致協力します。小学校高学年〜中学校二年生頃までは、各人は自己主張のトレーニング中なので、学級全員の言動の一致や全員に好意や好感を抱いてもらうことは、あなたが児童・生徒に迎合でもしない限りむずかしいのです。その代わりに、この発達段階になると児童・生徒は各自に好きな教師をみつけるようになります。いわば「親離れ」のはじまりに似ています。淋しいかも知れませんが、それが人の成長なのです。

例えば、子どもが「小遣いを一万円ほしい」と申し出た時に「今、私には一万円はない」というのと「一万円ほしいのはわかった。でも今の私には一万円というお金はないからごめんね」というのでは、子どもの反応はどう違うでしょうか。

百円や十円ならば、あまり違いはないでしょう。一万円というのは子どもには高額ですから、それなりの理由と決意をもって申し出たものでしょう。それだけに百円とは比べられない高額を望む決意に、どう応えたらいいのでしょう。応え方如何で、子の反応が変わるのは当然でしょう。断固拒否するのは簡単ですが、断ることで後に尾を引かないようにすることが大切で、それが対人関係の第一歩なのです。初めの一歩を誤れば、その後にいろいろと影響するのは自明です。教師が児童・生徒の要求や願い、要望を受けた時や、反対に児童・生徒に教師が要請するときも同じなのです。

学級会等での個人の要求などは『今、和子さんは○○を止めてほしい』と発言していますが、担任の私としては、その気持ちはわかるが、それをこの場で認めることは、残念ながら（できれば「△△の理由で」を加えるといい）できません」というのも一つの対応です。また「先生は今『明日の学級の時間には、以前からの課題であった〈教室を美しくしよう〉ということについての話し合いをもちたい』と思っていますが、他に緊急な課題がありますか。……なければこのことをテーマの一つにします。明日までにみんなよく考えてよい案を出してください」と提案することで、学級全体の意識を方向づけることも可能です。

個人の児童・生徒との対応の方が、表情や反応を直接に確かめられるので容易だ、と考えやすいのですが、一歩誤ると亀裂を増大させ、反抗に向かわせてしまう恐れもあります。人と人との関係の構築や形成に、簡便で、安易な方策はないのです。その人との初対面が第一歩ですが、例え第一歩に躓いたとしても、その後の交流（接触）を効果的に生かせば、亀裂の穴埋めや修復は十分に可能ですし、場合によってはそれ以上に再構築することすらできるのが、対人関係の不思議さです。

予想して対応したとしても、傷つけてしまうこともあるし、反対に予想以上の好結果を生むこともあるのが「声かけ」や「問いかけ」です。人の悩みの大半は、人と人との係わりに起因するものです。計算した通りの効果を生まないからこそ、悩みが生じ、苦しみを産みもしますが、反対にうまくゆけば、喜びも感じ、満足を味わわせて、人生を豊かにもしてくれます。園児・児童・生徒との関係も同様で、双方に信頼の関係が生まれれば、教師生活を豊かに、充ちたものにしてくれるし、逆になれば、辛さと悲哀をもたらし、自信を喪失させてしまいます。園児・児童・生徒と教師との間に、緩やかでも信頼の関係を生じさせることができれば、関係は好転するのです。

本書では、そんな信頼し合える関係の構築と、悪化していた関係を好転させ、再構築してそれを充実させるための「声かけ」「問いかけ」について、一つのモデルを提供するものです。各執筆者の体験や見聞を基に、このようなことに留意したり、配慮をすれば、園児・児童・生徒（対象者）と教師（指導者）の間が、より効果的な関係を形成するであろうし、より対象者のこころに効果的に届くであろう、と思われるモデルを例示するものです。

本書の利用について

本書では各事例のはじめに、私たちが何気なく言いがちな「問いかけ」や「声かけ」のことばが見出しとしてあり目次にも掲げてありますから、必要な、参考にしたい「問いかけ」を捜しやすいと思います。そして、そのことばを使った背景や場面を記して、その「声かけ」や「問いかけ」で、かけられた園児・児童・生徒は、どう感じて、どう反応したかが説明してあります。各見出しの「問いかけ」や「声かけ」に対して、末尾にモデルとなるようなことばが「このように言ってみてはどうでしょう」として例示してあります。もちろんのことですが、モデル文のことばをかければよい、というものではありませんし、そんなつもりでの例示ではありません。あくまでモデル文であって、それを咀嚼してあなたのことばで、あなたの対象者にふさわしいTPOで「声かけ」をしてください。

見出しになっていることばは、発言者の意図通りに有効に効果を挙げている場合が多いでしょうが、対象者との関係が友好とは限りませんし、対象者自身が悩んでいたり、反発しているかも知れません。従って発言した教師のねらいとは外れてしまったり、反対に信頼を失ったり、反発や反抗を煽ることにもなりかねない場合もあります。またねらいは適切であったとしても、それを聞いた児童・生徒の内面にそのことばを素直に、ストレートに受け入れるこころの準備や条件が醸成されていなければ、期待するような効果は発揮してくれません。正に「言い手の粗相」になってしまいます。

見出しのことばが、教師のねらいと受け手の児童・生徒との間に齟齬を生じさせるのには、もう一つ大きな要因があります。それは対象とする児童・生徒の精神発達とねらいの間に、ずれがある場合です。人の精神発達には節目があります（三三頁の図を参照してください）。最初の節目は三〜四歳のころの第一反抗期です。親からの身体的な自由を獲得して、仲間遊びを始める時期です。保育園・幼稚園では、教師から徐々に離れて群れて遊び始めます。この群れ遊びを通して集団のルールを体験し、学ぶのですが、遊びではこのころの価値観の「強・弱」に拘りますので、その言動（いわゆる「ヘボ」「ノロ」「デブ」などと排斥や攻撃をする）を保育者がどう評価してあげるか、も大切な要素になります。次は小学校四～五年生ころより芽生えるエゴ〈自我〉を境に、発言内容や考え方が大きく変化し、「自己主張」が始まることです。対個人の時は、その対象者のエゴのレベルに合わせられますが、学級全体のような時は、個体差もあり、男女差（一般に女子が数カ月～一年は早い）もありますから、どのようなねらいで、どのような対象者に向けての「問いかけ」かをよく考えて発言することが大切です。

そして第三段階が中学校二～三年生のころに到達するスーパーエゴ〈超自我〉です。自己主張を終えた若者が、仲間との論じ合いを通して「自他の並立」を獲得し、大人へと成長を遂げるのです。この時期は第二反抗期でもあり、思春期でもあり、親も教師も、特に男子には手を焼くことが多いのです。理屈っぽくなり、道筋を重んじるようになるので、「問いかけ」や「声かけ」のことば遣いには特段の配慮をすることが必要です。

そういう工夫と努力が、あなたを同期の人より信頼される、優れた教師に成長させるのです。日常の努力と研鑽が、やがては師弟一体の学級経営や信頼に充ちた学校になるのです。本書はそんな教師のあなたの「声かけ」の失敗による学級崩壊の予防や日常の活動での児童・生徒との信頼関係の構築と増大に役立つことをねらいにしています。

なお、本書の執筆にあたり新たに幼・保育園（これらは十年後には統合され「こども園」となる予定です）の方々に参加を要請しました。時代の変化と精神発達の面を考えてのものですが、私の孫の年中や年長組の様子や発言を記録していて、このころから友だちや先生との関係に、喜びや悲しみを見出していることがよくわかったからです。「今日、千恵子先生が、健二君をいじめたの」「どうして」という妻に「先生が『健二君、なぜ君は女の子をいじめるの！　だめじゃないの』と大声で叱ったから」というのだ。大声か否かは不明だし、叱ったのか注意したのかも不明だが、孫はそう思って先生を非難しているのです。このことから推察すると、子どもの精神発達は、第一反抗期を経て、速いスピードで精神的な分化と発達を遂げるもの、と私は確信するようになった（拙著『「まっ、いいか」と言える子を育てよう』二〇〇七年刊・黎明書房を参照）からです。

人の成長を精神発達の面からみると、学校教育（集団教育）の修業年限は、小学校は四年生までの四年間、中学校は小学校五年生〜中学校二年生までの四年間、高校は中学校三年生〜高校三年生の四年間とする四年制の学校教育が、教科教育の面は措いて、人格・人間教育の面では大変に有効だ、と思い、私はかねてからそういう提唱をしています。現今の学校が抱えている問題の多くは、小学校高学年〜中学校に集中していて、四年制にすれば、その多くの問題は軽減するものと思います。

本書の事例の分類について

本書では、このような人の精神発達の考え方を基本にして七三の事例を分類してあります。このような分類区分は恐らくは初めてのもの、と思いますが、前作の項目別の分類から、精神発達の区分による分類にしてみました（三二頁の図を参考にしてください）。

第一反抗期に入ると、これまでの親と密接不離な生活から、徐々に同世代の子と遊ぶ、遊べるようになり、公園デビューはこのころから効果的になります。初期の段階では親との密着が強いので、同居していない祖父母などが訪れると、大切な母親をとられるのでは、と不安になり「あっちへ行け」とか「ジジー死んでしまえ」と攻撃的になることが多いのですが、これは母子に濃厚な関係が成立している故で、むしろ良好な子育ての証でもあります。

やがては友だちと遊べるようになり（平行遊び・連合遊び）、仲間同士で夢中で遊び（「ギャングエイジ」という）ます。この遊びを通して〈集団にはルールがある〉ことを体験し、体得します。従って成長に応じてですが、複数の集団に所属した方が、のちの精神活動では融通性ある人格を形成する糧にもなります。それ故に「いろいろな友だちと、仲良く遊べるね」という声かけが大切です。この期には周囲の大人が遊びに介入し、一つのルールを押しつけるようなことは避けたいものです。例えば「その遊び方は違う。こうするものだよ」というように画一に強制すると「それぞれの集団は、それぞれのボスによってルール（約束）が異なる」ということを身につけられなくなってしまい、どの集団も同じ、ではいろいろなルールの体験の積み重ねができなくなります。大人の過剰な介入は避けてください。

なおこのころの行動基準は「強・弱」で、かつて「巨人・大鵬・卵焼き」といわれたように「弱い」「遅い」のは排斥の対象になりやすいのです。いじめの定義は措いて、このころから仲間遊びや園などの集団生活では「いじめ」が発生し、成長に連れて多発します。「あなたは○○さんを助けてあげるやさしい子ですね。先生は感心しています」というような声かけが大切です。

後半のころには、身体の各種の器官はほぼ揃いますが、まだ個体差が大きく、生活習慣も親や各家庭の違いをそのまま映しますので、これも「いじめ」の対象になります。異文化の理解がまだむずかしいのです。推定ですが、二〇一〇年十一月の群馬県桐生市での小学校六年生の転校生の自殺事件は、これに起因しているのでは、と私は考えています。

次の段階は「エゴ」（自我）確立の時期です。行動基準は「損・得」です。前半には身体と各器官はほぼ完成し、後半はそれが成熟に向かいます。一般に、精神発達同様に、女子の方が早く小学校高学年から中二ころまでは女子の方が身長も高くなります。声かけには、この性差と個体差を考慮して、小学校高学年の女子では特に気をつけることが大切です。この成長の差が思春期の悩みの一つにもなり、いよいよ「子の親離れ」（親の子離れ）のはじまりです。さらにこころと身体の成長が不均衡になり、芽生えたエゴ意識に、劣等感も加わり、何かのきっかけで「自分は……」と悩み、自分への攻撃＝自殺や、他者への攻撃＝他殺が発生するようになります。この期の事例では、二〇〇四年六月の長崎県佐世保市の小学校六年生の女子が、ウェブサイトへの悪口で同級生の御手洗さんを刺殺した事件をはじめ多くの事例があります。

前のギャングエイジ期では、一般に悪口を言われても人格が傷ついたとは自覚しないので自殺（模倣での事故死は除く）は希ですが、このころからは縊死や飛び降り自殺が発生し、次のスーパーエゴ期になると、他者の悩みや痛みが共感できるようになり、「心中」（集団自殺）という行為も加わります。自殺予防にはこのような発達段階に応じた特徴を生かしてほしい、と私は思っています。参考にしてください。

このエゴ期の前半は「自己主張」を身につけますので、小学校高学年の教師は「○□と君は考えるんだね」とか「君のことばで、みんなにわかるように説明してください」というような声かけをしてください。中学では「先生は昨日△△といったが、次郎君の※※という意見を聞いて、今は次郎君の意見を入れて△※という考えに変えました」というような「自説の変更」のモデルを示すといいでしょう。

終末から「スーパーエゴ」期にかけては、精神的な独立を遂げるために、特に男子は父親相手

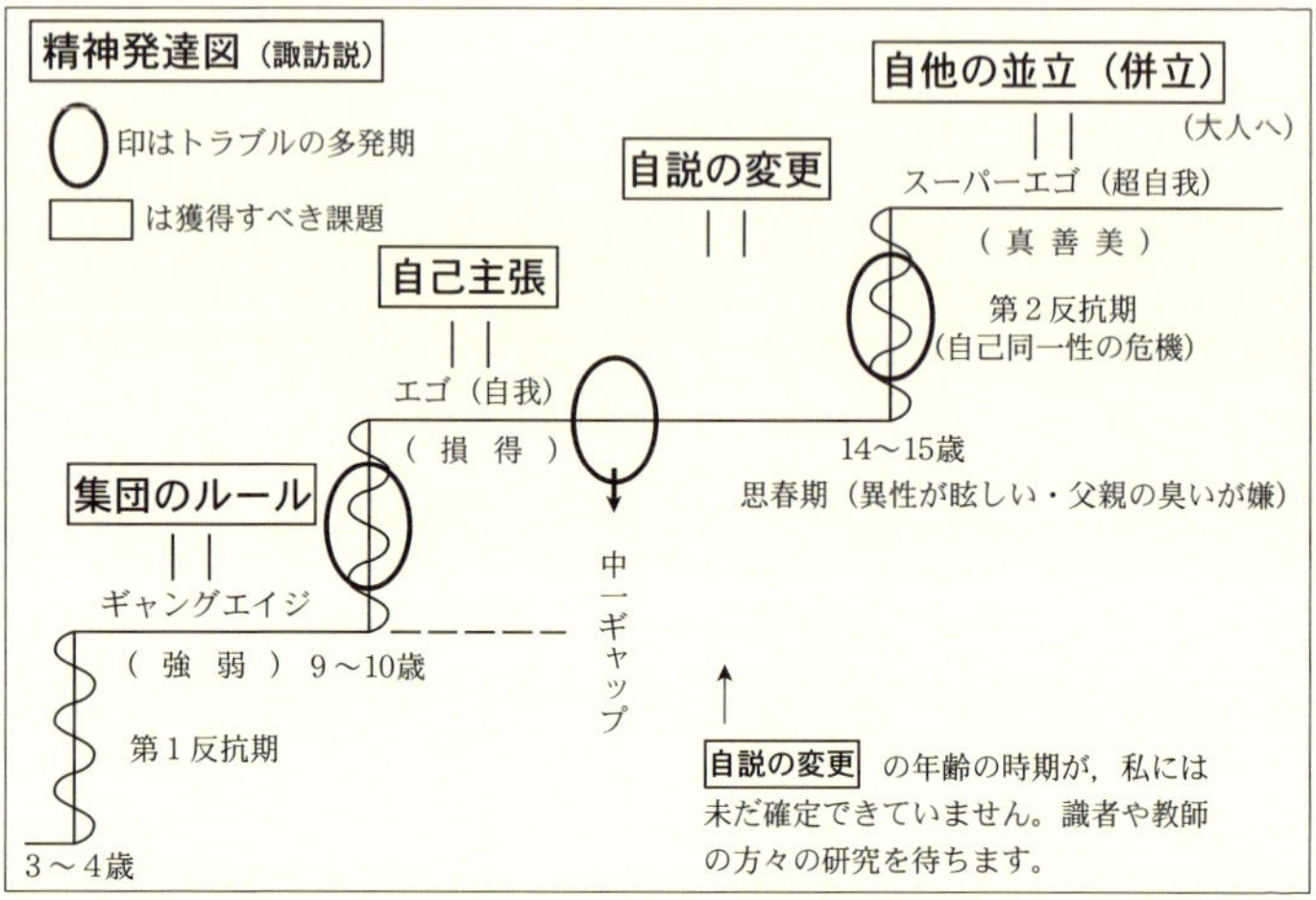

に盛んに論争を挑み「勝った」という自覚を得ると、同世代の仲間に入っていけるようになり、そこで盛んに侃々諤々の議論を展開する姿は電車内などでよく目にされるでしょう。「なあ、俺のいうことがわかったか」とか「お前のいうことは、俺にはわかったよ」などと確認し合い、仲間としての認識を深め、強化し、大人への準備を完成させるのです。このころには「君はもう一人前だ」とか「広い視野で物事がみられるようになったね」などの声かけが大切です。

スーパーエゴの終末のころは「人様に迷惑をかけるなよ」とか「相手がどう思うか考えてごらん」「もう社会へ出ても大丈夫だね」「人が君の姿をみてどう思うだろうね」というような、「真・善・美」の行動基準を自覚させる声かけが大切です。

教科教育では中高の一貫校が大学受験には有効とは思いますが、幼保―小学校と小学校―中学校の連続した人間教育も大切で「三つ子の魂、百まで」と言われるように、低年齢での人間教育も重要な教育の機会だ、と思います。学校組織が「付属の幼稚園もあるよ」というのではなく「連携して、連続した人間・人格教育を実践しています。他校の児童・生徒と本校の者とを比較してください」といえるような人間教育をして、国家百年の計に役立つ人材を育成してほしい、と願っています。

第2章　就学前

1 鬼みたいな顔を描いてみよう

子どもたちが新しいクラスに慣れかけて来たころあいをみて、母の日に向けてみんなで母親の絵を描く行事に取り組むことになりました。

「みんなのお母さんはどんな人」と各自に大好きなお母さんを思い浮かべさせながら、大好きなところをみんなで発表し、話し合いをさせ、その後でそれぞれに母親の姿を画用紙に描き始めさせました。

「笑っているお母さんを描こう」「目はどんなふうにしようかな」とそれぞれ思いを口にしながら夢中で描いている中で、上手に描けないと思っているのか、なかなかクレパスが進まない太郎の姿に目が止まりました。私たちは「お母さんの顔」という題材ならばそれぞれがイメージしやすく、容易に描けると思っていたのですが、太郎はどんな顔を描けばいいのか悩んでいるようで、何回も描いては手で消していて画用紙が汚れていました。

そこで私は太郎に、「もう一度お母さんのことを思い出してみようよ。大好きなお母さんは笑っているかな？　それとも怒っているかな？　髪は？」と言うと、太郎は「今朝お母さんに叱られたんやった」と言ったので「そうだったのか、だからよけいに描きだしにくかったんだね、よくわかったよ。だったらどんな顔をして怒ったのかな。怖い鬼みたいな顔だったのかな。では、その鬼みたいな顔を描いてみようよ」と声かけをしました。
太郎は私の話を聞いて顔を曇らせ、下を向いてしまいました。机間指導を続けながら、太郎を見ていると、泣き始めていました。私は太郎のところに行き「その泣ける気持ちを絵にしてごらん」と言ったら、太郎は大声で泣き出してしまいました。私は取りつく島もなく途方にくれました。

太郎が描けないのは、お母さんに今朝叱られ、その顔ばかり浮かんできて、自分の好きなお母さんの笑顔が描けないからではないでしょうか。太郎にゆっくり向き合い、笑顔のお母さんを思い出させるようにするとよいと思います。

このように言ってみてはどうでしょう

「太郎君、ずっとお母さんは怒っていたのではないでしょう。『行ってらっしゃい』と笑顔で送ってくれたのではないの。そのお母さんを描こうよ。」

2 頑張ってかっこいいとこ見せて

子どもたちが何かに取り組む様子を見たときに指導者の口から出てくることばが「頑張って」とか「かっこいいところ見せて」ですが、子どもによっては「頑張って」と言われたことが、とてもプレッシャーになってしまうこともあるのです。普通なら「頑張って」と言われたらやる気が出るのですが、私が担当した花子は違いました。

ある日の運動遊びのときです。花子は走るのが苦手で、速く走れないことから走るのに苦手意識がありました。私は、花子のそうした気持ちを多少感じてはいたのですが、走っている花子に対して「頑張って走ってかっこいいとこ見せて」と言ってしまったのです。

私には「きっとこのことばでやる気が出るはず」という思いでかけたことばでしたが、私の予想に反して花子は急にスピードを落としたのです。私はそれを見てさらに「怠けてはだめ。全力を出して」と声かけしてしまいました。でも花子は速く走ろうとはしませんでした。私は「もうすぐ運動会よ。頑張れ」と励ましたつもりでしたが、ダメでした。その後、花子は家でも「走るのが嫌だから園に行きたくない！」と言うようになってしまい、私は親からそれを知らされて驚いてしまいました。

その後しばらくは様子を見ることにしましたが、運動会も近いということで花子と向き合ってみたのですが、なかなか気持ちを話してくれなかったので、母親に花子の気持ちを聞いてもらうことにしました。その結果、どうやら花子は、私のことばから「速く走らないとダメなんだ。自分は遅いからかっこ悪いんだ」と感じて、登園を渋るようになったのでした。

それからは家庭訪問をして、花子に「先生が悪かった。走ることが大切であって、順位は心配しなくてもいいよ」と花子に何度も説明をし、やっとわかってもらいました。「頑張れ」というようなことばは普段当たり前のように使っている私たちだが、言い方一つで、幼稚園の子でもこんなにもとらえ方が違う、ということを深く反省させられました。

同じことばが複数の人に同じようにこころに伝わることの方が希で、第1章にもあるように、気をつけたいものです。

本人は頑張っているつもりなのに、見ている者にはそうは見えないこともあります。そんなときに「頑張れ」といわれても、「それ以上は無理」と感じるだけです。花子も同じだったのではないでしょうか。

♧このように言ってみてはどうでしょう

「花子、あきらめずに最後まで走ってね。先生は待ってるからね。」

3　どうしてそんなことばかりするの

クラスの中では、控えめな安夫ですが、幼少期からずっと友だちとのトラブルが絶えず、意地悪を言ってみたり、たたいたり、時には特定の相手に対して強気な態度をとってもいました。そのため、年中組のときには、「一緒に遊びたくない」という子や「次のクラス替えでは離してほしい」などといった、親からの苦情も出るほどでした。

年長組では初めは緊張感もあって落ち着いているようにも思えましたが、次第に年中組のような意地悪や強気な態度が安夫に現れてきました。それでも、当初は保育者の目の範囲内で問題を起こしていたため、そのたびに話をして、指導ができていたのですが、知恵もついて、やがては隠れて意地悪をするようになり、意地悪をした相手に「先生とか、お母さんに話したらだめだからね」と口止めするまでに悪賢くなってきました。

日常の生活では、素直で活発なところもあり、自立もしていますし、一面では保育者にまとわりついてきたり甘えたりすることもあります。家では、一人っ子で十分な愛情（甘やかしすぎたかもしれないと、母親は言う）を受けて育っています。親の前では、素直な良い子だそうで、話をするたびに「なぜこんなことをするのか」その理由を見つけるのが難しいほどです。私も安夫がなぜ繰り返しトラブルを起こすのか、よくわからず「どうしてそんなことばかりするの」と、いつも安夫を責めるのでした。でも安夫が徐々に私に対してこころを閉ざしていくのがわかり、私は何をどう安夫に伝えればいいかと悩んでいました。

今は褒められたことは繰り返す、というこころの動きを知り、安夫がたまたまトイレの履物を揃えているのをみたときには「みんな聞いて、今日、安夫君がトイレの履物を揃えてくれました。先生感心しましたよ」というように、安夫の素直で自立しているところを、みんなの前で褒めるようにしています。叱るのではなく、長所を伸ばす教育をこころがけようと思うようになりました。

「どうして……」は、よく使うことばですが非難の意味が強く、子どもはこころを閉ざしてしまいます。安夫の立場に立ったことばかけが大切なのです。

✿このように言ってみてはどうでしょう

「安夫君、何かあったの？　誰かが嫌なことをしたの？」

4 おもちゃを取っちゃ、ダメでしょ

年少組の孝志は、自分の興味の向くままに行動することが多く、友だちが楽しそうにおもちゃで遊んでいると傍らに寄っていき、その子のおもちゃを取ろうとします。それを見ていた保育者は「おもちゃを取っちゃ、ダメでしょ」と注意しました。しかし、幼い孝志には理解できないようです。「何がいけないの？」という顔つきをしています。そして、しばらくすると今度は友だちの顔に手を出したり、たたいてみたり、時には噛みついてみたりといった行動をします。ここでも保育者は「お友だちをたたいたりしちゃ、ダメでしょ」とついつい言ってしまうことがあります。

孝志にとっては、自分が興味を持ったおもちゃで遊ぼうとすることも、友だちに手を出したりすることも孝志なりの理由があると思います。大人から見ると、友だちを「たたいている」ように見える行動も、「ねえねえ、お友だちになろうよ。一緒に遊ぼうよ」という関わりであるかもしれません。そうした子どもたちの行動を単に「ダメでしょ」と禁止しても、その子の思いは友だちには伝わらないのです。だからまた同じような行動を繰り返すことにもなります。

保育者にとって大切なことのひとつに、友だちとの関わり方を教えていくことがあげられます。しかしそれは、好ましくない行為を禁止することだけではありません。もちろんそうした指導が必要な場合もありますが、どのように自分の気持ちを友だちに伝えたらよいか、ことばや行動のやりとりの仕方を子どもと一緒に行い、貸し借りや関わり方のルールを身につけさせていくことが孝志の今後に大切なのです。

この年齢の子への「ダメ」は子どもの行動の改善には容易にはつながりません。ことばを理解し納得してくれることがすぐにできなくとも、根気よく対応することでやがて子どもたちの行動に変化が現れてくるものです。そして、徐々に良いこと悪いことの判断がつくようになります。周りの子どもたちが「○○ちゃんがいけないんだよ。貸してって言えばいいのに」とか「○○ちゃんにちょっと貸してあげたら」と関わってくれるようになればしめたものです。時間はかかっても、ゆっくり、じっくり友だちとの関わり方を身につけられるよう見守りながら支援したいと今は考えています。

♧このように言ってみてはどうでしょう

「お友だちのおもちゃがほしかったんだね。でもお友だち、困って泣いているよ。お目々から涙が出てるね、困ったね。どうしよう？　おもちゃがほしいときは『貸して』ってお願いしようか。一緒にお願いしてみようね。」そして、おもちゃを貸してあげられた子にも「よく貸してあげられたね。孝志くん喜んでいるよ。」

5 先生は知りませんよ

発達に障がいを抱えたお子さんがクラスにいることで、保育者がその子に振り回され、ほかの子たちに影響を及ぼすことが往々にしてあります。例えば朝のあいつをしようと思っても教室に入ってこない、急に教室から出て行ってしまい、保育者がその子を追っていく。複数担任制なので、もう一人の保育者が保育を進めるのですが、それでも大変です。

年中児の悠太は、先に教室を出て行った子と同じように教室を出ようとして保育者の様子を伺います。「悠太くん、こっちにおいで」と誘ってもニヤニヤしてすぐには応じません。手をつなぎ、自分だけに関わってくれるとわかると素直になりますが、少しでも離れるとまた同じ事を繰り返します。一人で対応していればどこまでも甘え、自分の気持ちが満たされるまで甘えます。保育者の膝の中に座ったりして独り占めできると落ち着いていますが、少しでも保育者の気が他に向くと、ほかの子をたたいてみたりして、保育者の気を引こうとします。

「先生、悠太がたたいた」「何もしないのに悠太がブロックを壊した」と友だちから非難を受けるような言動をします。保育者が注意しようとすると、うなだれ、目を合わせません。「なんでそんなに言うことを聞かないの」と叱っても全く意に介す様子はありません。「分からないなら教室から出て行きなさい」と保育者がイライラして叱っても、悠太はますます保育者を怒らせるようなことをします。

保育者がそばに行き、受け入れることで行動は落ち着きますが、常に悠太のみの相手はできません。そこでつい、保育者は「悠太はなんてわからない子なの。先生は知りませんよ」と言ったのです。そうしたら悠太は突然に荒れ出し、手当たり次第に物を投げたり、友だちを殴ったり、止めに入った保育者たちにも粗暴行為を止めません。仕方なく多くの者によって押さえつけることになりました。

悠太を保護者に渡し、今日のことを説明すると「やはりそうでしたか。医者からは『将来接し方を誤ると粗暴行為をすることがある』と発達障がいの診察の時に言われていました。常に悠太を優先して子育てをしてきたのですが、多分『なんてわからない子だ。知りませんよ』という保育者のことばを、突き放された、と本人が思ったのでしょう。以前にも家庭でそういうことがありましたから」と母親が教えてくれました。

保育者も帰りのミーティングで、今日の悠太のことを反省の糧としました。

♧このように言ってみてはどうでしょう

「悠太君、先生の膝に来て、先生に教えてくれないかな。」

6　愛子さんはこのように言っていますが

年中児の四月は、初めてのクラス替えで不安定になる子も多く、保育者はこころの安定を図り、新しい友だちとの関わりを体験させるようにこころがけ、保護者との連絡も密にとるように努力しています。そして、五、六月ころには、多くの子が新しいクラスの一員として個性を発揮しはじめ、やがてケンカ（一つの大切な体験でもあります）もはじまります。

そんなころ、愛子の家から「家族旅行のため、明日は欠席します」と手紙がありました。その後しばらくして、愛子の父親から「お便りノートは見ているか」という電話があり、聞いてみると「愛子が陽子にいじめられている。どういう指導をしてくれているのか」という趣旨でした。

園での生活はむしろ逆で、日頃は愛子のほうが陽子をいじめているように保育者は感じていたのです。その後も観察を続けてみても、やはり愛子が陽子に意地悪をすることがほとんどで、時に保育者が止めに入ることもありました。

そのことを愛子の母親に伝え「園としても、二人の関係には今後も注意を払っていきます」と伝えました。ところがその夜、愛子の父親から私の自宅に電話があり「先生は何を言うんだ。うちの愛子は毎日のように陽子にいじめられていて、服なども汚して帰ってくる。どこを見て陽子をいじめていると言うんだ。役所の方へ訴えるぞ」という内容でした。

翌日、愛子に「服はどうしたの」と聞くと、「帰りに遊んでいて汚した。母親が怒るので陽子に『汚された』と親に言った」というのです。そこで、再び「愛子さんはこのように言っていますが……」と伝えると、「そんなことはない。陽子の親はいじめを認めている」というのです。驚いて陽子の親に連絡をとると「昨夜、『陽子に服を汚された』と愛子が言っているが、どうしてくれる」と突然に電話を受け、私もよく分からなかったが『汚したのならばすみません』と謝ったのです」ということでした。

翌日、園長をはじめ職員一同、どうしたものかと話し合いましたが「今、愛子の親に分かってもらうのはむずかしいのでは。時を待とう」という結論になりました。担任の私としては、きちんと記録を取っておくことしかないのでは、と今は思っています。

どの子もそうですが、このケースの愛子に関する日々の記録は特に大切です。例え愛子の親は認めなくても、他の保護者がその記録の正確さを認めれば、やがては我が子の言い分だけが正しいのではないことを、愛子の親も理解してくれるでしょう。

♧このように言ってみてはどうでしょう

「もう一度、陽子さんと愛子さんに、明日、私の方から聞いてみます。あなた方も怒らずに、ゆっくりと愛子さんから聞いてあげてくださいませんか。」

7　今は助けなくていいよ

「気が利く子」と「いらんことしいの子」がどこにでもいると思います。私自身は後者で子どものころから、よく「また余計なことをして」「このいらんことしいが」と親にも教師にも言われたことを憶えています。ただ私は今では、この両者は紙一重ではないかと思うことがあります。これは良いと思ってしたことが相手の受けとめ方で「良かった」か「悪かった」かが変転することがあるからです。単純にどちらが良いとか悪いとかは、私自身にもわからないことがあります。

そんな私も保育士となり、今は年中組のクラスを担任しています。クラスには上手にできない友だちを見つけると何かと手を差し伸べて助けてくれるかおりがいます。話もよく聞け約束もよく守り、また、できない子を気にかけ、代わりにやってくれる優しい子です。この子のおかげでうまくできない子たちは随分助かっています。

これはこれで友だちとの仲も深まりとても良いことですが、逆にうまくできない子が周りの子をすぐに頼ってしまい、自分の力でやろうとする力が伸びない弊害も生じます。ですから手助けしてくれるかおりにも時には友だちの努力を見守ってほしいと思っていました。

ある日の製作活動の時間です。うまくできる子はどんどん進行していき完成する子もいます。それとは反対にうまくできない子はなかなか先に進めず、私としては何とかその子に完成の喜びを体験させたい、という思いがあったのでぎりぎりまで見守り、最後になったら私が手伝おうと思って見ていました。

すると隣に座っていたかおりがいつものように気を利かせて手伝い始めたのです。その時思わず「今は助けなくていいよ」と声に出して言ってしまいました。かおりはあわてて手をひっこめました。かおりとしてはいつもと同じ気持ちで手伝ったのであり、今までは、その都度認められていたのに今日だけ「なんでだろう」という感じだったようで、かおりは黙ってしまい、悲しそうな表情になり、下を向いてしまいました。

私は「しまった」と思いましたが、その子を育てることも、私の指導者としての使命である、という思いも強く、それ以上は何も言いませんでした。でも、かおりのうらめしそうな顔が忘れられなくなりました。

♧このように言ってみてはどうでしょう

「いつも困っている時に助けてくれてありがとう。今日は真美ちゃんにも一人で頑張ってもらおうと思うんだ。そしたらかおりちゃんみたいにできるようになるかもしれないからね。かおりちゃんもこころで応援してあげて。」

8　手を出すな

その年少クラスは、男の子が多く個性の強い子がそろっていたように思います。

四月、五月の入園当初はまだ園生活に慣れておらず、遊びも一人遊びや保育者との遊びを好む子がほとんどでした。六月に入り、少しずつクラスの友だちを意識しだし、一緒に遊んだり、一緒に給食を食べたがったりするようになってきました。私はそんな姿をみて、クラスらしくなってきたことに嬉しさと、ほほえましさを感じていました。

そんな嬉しさを感じていたのもつかの間で、次第に友だち同士のトラブルが生じ、おもちゃを貸してくれない、一緒に遊ぶのを拒否された、ぶつかってきた、邪魔をした等々のケンカです。男の子や自己主張をする子が多かったせいか、ほとんどが手を出すケンカでした。でも私は、ケンカも子どもの成長過程のうちでは大切な事、良い経験だと思い、特に大きくトラブルととらえていませんでした。その都度、ケンカの原因、相手の思いなどを話し、解決に導いていました。時期が来れば、ケンカも少なくなるだろうと思っていたのですが、ケンカは減るどころかますます増加し、特に意味もなく手を出す子もでてきました。一日のなかでも、「先生。一郎君が叩いた」「二郎君がひっかいた」「三郎君たちが叩きあってる！」と何人もが訴えてくるほどになってしまいました。手を出すことを叱っても、減る様子がありません。以前に担任していたクラスでは、こんなにまで手が出る子はおらず、子ども同士のトラブルも子どもたちの成長とともに減っていたので、「なぜだろう」「どうすればいいのだろう」と私は悩んでいました。クラスの様子はとても激しく、荒々しい感じになりました。

毎日の日常的な子ども同士のケンカとはいえ、私は耐えられない気持ちに陥り、やがては私自身がいらいらして、子どもに注意と言うより叱責のことばを口にするようになってしまいました。「一郎、手を出すな。手を出した子が悪い」「二郎、どんなことがあっても殴ってはダメ」「三郎、負けるが勝ちだよ」と、一日に何回も同じようなことばを口にして、気がついたら、年少組なのに、荒れたクラスになってしまい、どうしたらいいのかに悩む日々になっていました。

私は精神発達から考えて、強いことにあこがれる年齢なので、強者をあまり非難すると、反発することを知り、時には強さを認め、よい面を大いに褒めるように方針を変えてみました。そうしたら、手を出すことは徐々に減少してきました。

♧このように言ってみてはどうでしょう

「強いことは悪いことではないけれど、園内で友だちと競争することは、先生は嫌だな。強いけど優しい子が好きだな。」

9 自分で言えるよね

直子はおませでしっかり者で、友だちからも頼りにされる存在で、何をするにも、周りの子のことを考えて行動できる優しい子でした。しかし、そんな直子にも、なかなかできないことが一つありました。それは、失敗したことや自分の不得手なことを友だちにうまく伝えられないことでした。

年長組に進級した四月のことです。私はまだ直子の性格をよく理解しておらず、「良くできる子だな」と思いながら直子と関わっていました。そんなある日の給食時間のことです。いつもは時間内に給食を食べ終わり、絵本を楽しく読んでいる直子が、その日はなかなか食べられずにいました。「今日はおしゃべりが弾んでいるのかな」と思い他の子の指導にあたっていたのですが、直子の様子がおかしかったので「今日は少しゆっくりだね、どうしたの?」と聞くと、目に涙を浮かべながら、「これが食べられない」と言うのでした。

私は普段から給食の配膳時に「自分で食べられる量を教えてね」と声をかけていました。それまでは直子は給食を食べきっていたので、「いつも先生はみんなに言ってるよね、食べる前に教えてくれればいいんだよ。ちゃんと自分で言えるよね」とみんなに声をかけました。その日はそれで終わったのですが、何日かしてからまた同じような事がおこりました。

私は、「どうして配膳の時に言ってくれないの」「他のことは何でもきちんとできて、友だちにも指導できる直子が、そんなことでは情けないね」と口にしてしまいました。直子は涙を流しながら、私の顔を見つめているのです。私は他のことはきちんとできるこの子が、嫌いな食べ物を「いらない」と「減らして」となぜ言えないのか、と思いながら、つい「自分で言えるよね」と念を押してしまいました。

年長さんになれば多くの子は好みもきまり「いや」「嫌い」は言えるようになるのですが、給食以外のことでも日ごろから「好き」「嫌い」を言える子に指導しておくことも大切です。

物覚えがよく、話もしっかり聞ける、いわゆる「よくできる子」は、どんなことでもできると思いがちです。しかし、どんな優秀な子でも「苦手なことがある」ことを教えてくれる事例です。

このように言ってみてはどうでしょう

「嫌いなこととかいやなことは、誰にでもあることなんですよ。だから嫌いなことは嫌い、いやなことはいやと言っていいんですよ。直子さんも、はっきりと『いや』とか『嫌い』と言えるようにしましょうね。」

10 「遅くなってごめんなさい」と言いなさい

幼稚園でも集団生活の中ではルールや約束があり、子どもたちは、保育者の話に耳を傾けながら、友だちと刺激し合い、仲間遊びを積み重ねて、やがてはその集団のルールが守れるように成長していきます。しかし、子どもたち一人ひとりをみると性格も発達段階も違い、理解力・行動力も様々です。保育者には子どもたちそれぞれをしっかりと理解した上で総合的な援助が求められますし、同時に集団を意識した行動が身につくような指導も必要になります。

年中組の一学期後半、子どもたちは自分の身の周りのことは自分で何でも行うようになり、さらに生活面の細やかなことや手伝い、片づけなどにも意識が高まってきます。給食準備の時には子ども同士が協力する姿や時間を意識する姿も見られるようになってきます。

四月生まれの花子はこころが優しく泣き虫のところもあるが、生活面はきちんとでき、注意を受けることもなくまじめな子でした。しかし、いつも給食準備になると、集団から遅れるのです。花子自身のペースもあるが、そろそろ集団を意識して動くこと、そしてみんなが待っていることにも気づいてほしくてトイレに行く時に「急いでね」「早く行ってきてね」と声をかけ、さらには、戻ってきた花子に「みんなに遅くなってごめんなさいは?」とことばをかけました。すると花子は怖そうな表情をして、言われたように「遅くなってごめんなさい」とクラスの子どもたちに謝っています。

翌日はどうか？　と給食の盛りつけをしながら待っていましたが、この日もなかなか部屋に戻らない花子です。私は、トイレまで様子を見にいきました。すると花子は混雑しているトイレの列のまだ後ろにいます。だいぶ前にトイレに向かったはずなのに……。しばらく見ていると、我先にと駆けつける友だちに先をどんどん抜かされています。花子は言われたことを素直に聞こうとするまじめな子ですが、強く我を通す性格ではありません。勢いに圧倒され、前へ進めなかったようです。給食前の混雑したトイレで、気の弱い花子は、自己主張ができなかったようです。

花子を構わず抜かしていってしまう子どもたちには、機会をとらえて、並んで待つことを指導する必要がありますが、花子のような気の弱い子にも必要なときには、自己主張できるようになってほしいと思います。

♧このように言ってみてはどうでしょう

「花子さん、並んで待つことは大切です。後から来た人には『私は並んでいるよ。後ろに並んでよ』と言えるといいね。『ごめんなさい』と言えることも大切だが、言わずにすむようにすることも大切ですよ。」

11 後でみてあげるから

年少児の花子が、かばんにタオルを入れようとしましたが、かばんの中はいっぱいで、ぐちゃぐちゃのタオルが入りません。何回も試みていますがうまく入りません。保育者が花子に声をかけようとしたとき、ちょうど別の子に呼ばれたので、「後でみてあげるから」と何気なく言ってその場から離れました。花子はその後も自分で何とかしようと試みていましたが、別の子が来て手伝ってくれ、タオルをかばんの中に入れることができたのです。

翌朝になって花子の母親から電話が入りました。「花子が登園を渋っている。『昨日、先生が嘘をついた』と言っている」とのことでした。そう聞かされてもしばらく、私には何のことかピンと来ませんでしたが、ようやくタオルのことを思い出し、ハッとしました。

嘘をつくつもりなど毛頭無く、何気なく言った「後でみてあげるから」のことばでしたが、花子はそのことばに期待し、そのまま知らぬ顔をされたと思ってしまったのです。母親に事情を話し、園に連れてきてもらった花子に保育者がいきさつを説明して謝り、おおごとには至らずにすみました。

何気なく言う大人のことばを、園児たちは素直に額面通り受けとめます。しかし、その期待を何度か裏切られると信用しなくなり、「どうせ先生は言うばかりで、何もしてくれない」となり、保育者や大人の言うことをまともに聞かなくなってしまうこともあります。

私はその後、ことばには極力気をつけるようになり、花子も私のことばに、過剰なこだわりを持たずに、園での生活を楽しんでいます。

花子の場合は保育者との関係を修復することができました。修復ができたのは母親に理解してもらい、花子にきちんと謝ったからですが、その背景にはそれ以前の花子と保育者との関係が良好で、花子はこの保育者を信頼していたことがあると思います。ですから「後でみてあげるから」ということばに期待し、忘れた保育者に裏切られたと感じたのだと思います。

保育者にとっては、花子は受け持っている多くの子の中の一人ですが、花子にとって保育者はただ一人のたよれる先生（大人）なのです。

♧このように言ってみてはどうでしょう

「ちょっと○○ちゃんのところへ行ってくるね。花子さん、もう少し自分で頑張ってみて。かばんに入れられたかどうかあとで教えてね。」

12 さっき言ったばかりでしょう

幼い子どもたちは、前もって注意しても、他のことに気を取られていて、注意を聞き逃していたり、右から左へ忘れてしまうことがよくあります。

年中児の恭輔も、保育者の注意を聞き逃してしまうことがよくあります。散歩の途中で「でこぼこしているから転ばないように気をつけて」と保育者が注意をしました。ところが、周りの景色に気を取られていたのか、恭輔は石につまずいて転び、膝をすりむいてしまいました。大声で泣き叫ぶ恭輔に保育者は「さっき転ばないようにと言ったばかりでしょう」と言い、さらに「先生の言うことをちゃんと聞いてないからだよ」ともつけ加えました。恭輔は泣き止みはしましたが不満そうな表情でした。

その日の夕方、恭輔の親から電話がありました。「先生は注意を口にすれば、それでいいのですか。子どもたちが転ばないようにすることが大切ではないのですか。それに、転んでけがをした子は、『注意を守らなかったから、自業自得だ』とでも言いたいのですか」という内容のものでした。

転んだ恭輔に対する保育者の様子を見ていたからでしょうか、翌日の子どもたちのままごと遊びの中で真優が他の子に、「さっき言ったばかりでしょう」と強い口調でことばを浴びせているのを見た私はハッとさせられました。でも真優を注意することはできませんでした。私としては、事前に道路の状況を説明し、注意を促したのだが、それが恭輔の耳には達していなかったのです。まだ他にもそういう子がいたのでは、と深く反省させられたのです。

また、幼児に注意を促すとき「転ばないように気をつけて」と言っても、具体性がなく、子どもたちも注意を聞き逃してしまい、注意の効果は期待できません。事前に注意するときには、「ここからはでこぼした道を歩きます。前につまずいて転んでけがをしたお友だちがいました。痛い思いをしないように、気をつけて足元をよく見て歩こうね」などと、子どもたちが「気をつけなくては」と思うような話し方で、「具体的に何をすればよいのか」が分かるようにすることが大切です。

♧このように言ってみてはどうでしょう

「転んじゃったの、痛かったね。気をつけて歩こうね。」

13 お母さん、なんてことやってんの

年長児の秀夫は、両親の都合で祖父の家で夜を過ごすことが多く、時折母親に反抗する姿も見られます。母親も子どもに関心はあるものの、子どもとの関わりがもうひとつうまくいかず、いらいらしてしまうことが多いようです。

ある日、母親が迎えに来たとき、秀夫は園庭でほかの子と遊んでいました。母親が「秀夫、帰るよ」と言っても返事もせず、わざわざ母親から遠く離れた場所へ行って遊んでいます。母親は待ちきれなくなって「秀夫、帰るよ。早くしないとおいていくからね」と怒鳴り、車に乗り込みました。そして、車を発車させて秀夫を焦らせるのです。秀夫はあわてて車を追いかけ、しぶしぶ車に乗りました。しかし、危険だと思った保育者は、「お母さん、なんてことやってんの、危ないでしょう」とつい大きな声で言ってしまいました。すると母親は「私だって忙しいんです。これから買い物に行き、夕食を作ってまた仕事に行かなきゃならないんですから」と激しい口調で言い、帰ってしまいました。その後何日かは母親ではなく、祖父が迎えに来ました。祖父の話では、普段から母親は秀夫に対して怒鳴ることがある。母親の言うことを聞かないとすぐに大声を出すということでした。

数日後、警察から電話が入り、「朝早く秀夫という子が道路で寝ている、と通報があった。母

親と連絡を取りたい」とのことでした。これを母親と話すチャンスととらえた私は、母親に時間を取ってもらい、子どもとの関わりについてじっくり話し合うことにしました。

聞いてみると母親は、自分としては秀夫はかわいいし、きちんと育てたいと思っている。しかし、なかなか親の言うことを聞かずわがままばかり言うので、どうしていいか分からずついつい怒鳴ってしまうとのことでした。また、迎えの時に保育者に大声で注意されたときも、焦っている自分を責められた気がして、ついカッとしてしまったとも話してくれました。私は、「今日はお母さん、用事があるから遊ばないで帰るよ」とか「今日は時計の針が4のところまで」と具体的に話し、秀夫が納得できるようにすることをすすめました。約束を守れた時は「頑張れたね」と認めたり、秀夫の気持ちを大切に受け入れ、その後も実行してくれるよう依頼をしました。

保護者は仕事や家族関係など様々な事情を抱えています。秀夫の母親のように、好ましくないと思われる言動を見聞きしたときは、それぞれの事情を考えた対応が大切になります。

♧このように言ってみてはどうでしょう

「お母さんはご予定があるんですね、それを秀夫くんに伝えて、納得できるように話してみましょう。」

第3章　小学校一年生から四年生

14 お宅のお子さんにも問題があるのではないですか

いじめのニュースが後を絶たない今の時代においては、保護者は、子どもが言ったほんのちょっとしたことばが気にかかり、子どもが学校でいじめられているのではないかと不安になったり、心配になったりするものです。

学校から子どもが帰ってくると、一日の様子を根掘り葉掘り聞き出し、取り立てて何事もなければ安心し、もし子どもが学校で、いやな思いをしたことを訴えると、聞いたとたんに保護者がその当事者となってしまい、子どもと同じレベルで腹をたてたりすることもあるようです。特にその子が保護者にとって初めてのお子さんですと、心配は増幅するように思われます。表現の未熟な小学校低学年の場合は、なおさらのことです。

小学校一年生の高広は、活発で負けず嫌いです。通学団での登下校時「○○君と一緒がいい」とわがままを言ってきちんと並ばなかったり、自分の主張が通らないと動かなかったりすることがしばしばありました。通学団の班長からは「注意しても聞いてくれないので困っている」という訴えを聞いていました。私としては「一年生のことだから少し大目に見てやってほしい。班長一人では大変だから、みんなで協力して登下校してくれないか」と通学団の班長に頼んでいました。

そんなある日、高広の母親から「うちの子が通学団で、上級生からいじめられている。暴力も受けている」という電話が入りました。以前から班長の訴えを聞いていた私は、初めのうちは「そうですか」と保護者の訴えを聞いていたのですが、余りにも一方的な話だったので思わず、「お宅のお子さんの態度にも問題があるのではないですか」と口に出してしまいました。言った瞬間私は「しまった」と思いました。保護者の訴えを聞いている間に、私が班長の立場に立ってしまっていたのです。案の定、保護者の理解は得られず、話はこじれていきました。

喧嘩には、それなりにお互いの言い分や原因があるはずです。班長の立場にだけ立つのではなく、理不尽だと思っても一旦は保護者の立場にも立ち、保護者の不安や心配を受けとめるべきだったのです。まずは保護者の訴えを聞き入れ、当事者からそれぞれの言い分を聞いてから話を進めていくのが、問題解決の大前提だったと思っています。

♧このように言ってみてはどうでしょう

「そうですか。分かりました。明日、通学団を集めて子どもたちからもよく話を聞いてみます。こちらから改めて連絡をしますので、それまでお待ちいただけますか。」

15 「嫌だ」とはっきり言いなさい

小学校二年生の美帆の母親からに「最近、朝ぐずぐずしていて家を出るまでに時間がかかるようになったのですが、理由がよく分かりません」と担任に相談がありました。そこで、美帆の友だちや美帆と同じ方向から登校している子に聞いてみたところ、集団登校のグループ内で「いじめられているのではないか」との疑いが出てきました。

担任は、休み時間に美帆の登校グループのリーダーに「美帆ちゃんが登校する時刻になるとぐずぐずして動きが遅くなるそうなんだけれど、登校の時に何か思い当たることはないかな」と事情を聞きました。リーダーによると、美帆は登校途中できれいな花を見つけると足を止めて匂いを嗅いだり、花を採ろうとしたりします。また、猫好きの美帆はかわいい猫を見つけると近寄っていって撫でようとします。リーダーとしてはそんな美帆に手を焼き、「美帆ちゃん、先に行っちゃうよ。嫌なら早くおいで」と声をかけたり、余裕のない時には強く手を引っ張ったりしたこともあったそうです。美帆は大人しくて黙っているので、悪口や嫌みを言いやすく、「他の子より言い過ぎたかも知れない」ともつけ加えました。

事情がほぼ分かりましたので、美帆と話をしました。美帆も自分がグループからよく遅れることを自覚しており、そのようなときに嫌みや悪口を言われることもわかっていました。そこで担任は「美帆にも良くないところがあるね。でも、嫌なことをされたり言われたりしたときには『嫌だ』って伝えなきゃ。黙っているから余計に嫌なことをされるんだよ。今度嫌なことされたら、『嫌だ』とはっきり言いなさい」と話しました。美帆は「うん、分かった」と返事しましたので、この日の話は終わりました。しかし、事態は改善しませんでしたし、これ以後、担任がいくら話しかけても何も話そうとしなくなってしまいました。

美帆は担任のことばを聞いて、担任に突き放されたように感じたのではないでしょうか。『嫌だ』とはっきり言いなさい」と指導されても、それができるのならこのような問題も出てこないはずです。大人しい美帆にはできそうにないことを「やれ」と要求されたのです。担任のことばは美帆を追いつめてしまうだけです。美帆が担任に話をしなくなるのも当然のことです。このようなときに大切なことは、まず美帆の気持ちをゆっくり聴いてやることです。

♧このように言ってみてはどうでしょう

「美帆はずいぶんつらい思いをしていたんだね。でも、黙っていては美帆のつらい気持ちが伝えられないよね。どうしたら伝えられるか、先生と一緒に考えてみようか。」

16 それは過保護ですよ

沙織は小学校二年生です。聴覚過敏・皮膚感覚過敏症などがあり、年長の時「広汎性発達障がい」と診断されました。

一年生の時は、徒競走のスタートのピストルの音が怖くて、どうしても運動会に参加することができませんでした。

母親は、ピストルの音は苦手でも運動会は大好きな沙織を今年は運動会に参加させてやりたいと思っていました。

一学期の最後の個人懇談会の時、母親は担任に「沙織はピストルの音が苦手です。でも、運動会は大好きです。ぜひ今年は参加させてやりたいのです。そこで、わがままかもしれませんが、徒競走のスタートの合図をピストルではなく、旗にしていただけないでしょうか」と担任にお願いをしました。それを聞いた担任は、「お母さん、それは過保護ですよ。運動会が好きなら、ピストルの音が苦手でも我慢させなきゃ。そんなことしてたら、我慢のできない子になってしまいますよ」と言いました。

母親は「ああ、またか」と思いました。一年生の時、化繊が肌に合わない沙織のために学校指定の体操服ではなく、綿一〇〇%のTシャツを着せてもいいかと尋ねたところ、その時も「お母さん、それは過保護です」と言われたことがあったからです。医者から先生に話をしてもらってこのことは認めてもらうことはできたのでした。

また沙織は聴覚過敏があるため、廊下側の窓を開けておくと隣のクラスの先生や児童の声が気になって、授業に集中できません。そのため、二年生でも授業参観をした母親は担任に、「授業中は廊下側の窓を閉めてくれるよう」お願いをしました。その時も「お母さん、それは過保護ですよ」と言われたのでした。

母親は、「特別支援教育って、特別支援学級だけのものなんでしょうか？　通常学級にだって支援の必要な子はいるんです。私は過保護だとは思っていません。ただ少しの特別な支援をお願いしているのです」と他の先生に訴えていました。

この事例では、担任の先生が沙織の障がいのことを、くわしく知らないようです。そのため母親の要求がわがまま、過保護に感じられたのではないでしょうか。

♧このように言ってみてはどうでしょう

「沙織さんには苦手なこともあるようですね。お医者様の診断を詳しく教えていただけませんか。苦手なことを乗り越えられるように一緒に工夫してみましょう。」

17　こら！　何やっているんだ

学校に慣れてくると、男の子たちは元気に飛び回り始めます。気後れしている女の子たちはどうしても小さくなってしまいがちです。先生も男の子たちを叱ることばが荒くなりがちです。

小学校三年生の美那子が朝登校を渋り始めたのは五月の連休が終わったころです。姉、弟は登校時間になると、「行ってきます」と元気に出かけていくのに、美那子はモジモジしていてなかなか行こうとしません。母親も仕事の時間がせまり、イライラしてきます。車で学校の昇降口までつれられてくるのですが、泣いていて母親から離れません。担任もその場に居合わせますが、泣いていて手を出せる状態ではありません。担任の提案で、母親と一緒に私のいる相談室にきてくれました。

「おはよう、相談室のオバサンだよ、仲良くしてね」と、ふざけて言うと、ニコッとわらってくれました。相談室で気持ちをほぐし、「教室に行けるようになったら、教えてね、オバサンも一緒に行くからね。お母さんは仕事だからもう帰ってもらうよ」と言うと、「行ってもいいよ」と、すんなりこの日は受けいれてくれました。

二時間目の休み時間が終わり、教室へ行く気になった美那子と一緒に三年一組の教室に入って行きました。元気な男の子が飛び回っています。担任が大声で「こら！　何やっているんだ、もう休み時間は終わっているんだぞ」と一喝しました。その声を聞いた美那子はもうビクビクしてしまい、私の後ろにぴったりくっついて洋服の裾を握り締め、今にも泣き出しそうな顔になり、すぐに教室から逃げ出して、相談室に戻ってしまいました。

次の日から「教室へ行くよ」と言うことばは聞けなくなりました。担任は時々顔を出してくれます。三十代の男性で、気持ちは優しいのですが、怒るととても大きな声で皆がびっくりしてしまいます。美那子のお父さんは美那子たちと遊んでくれたり、よく家族で旅行をしたり、仲の良い楽しい家族です。子どもたちに優しく接してくれています。

美那子のことで担任と話し合いました。担任は「男の子の指導が大変で、その場で注意しないと効き目がない」と思っていたのでした。私は美那子にはその大きな声がたまらないのだ、大きな声を出されると、自分が怒られている気持ちになってしまい、どうしたら良いか解からなくなってしまうということを説明しました。

このように言ってみてはどうでしょう

「今のチャイムで休み時間は終わったんだよ。さあ、席について次の授業の準備をしなさい。十秒待つよ。イーチ、ニーイ、サーン、……。」

18　あんなに教えたのに、なぜできないの

同じことを教えても理解の早い子と時間のかかる子がいます。繰り返し教えても、なかなか理解できない子には、個別指導が必要です。一生懸命に教えれば教えるほど、教えた事が身についていってほしいと教師は思うものです。

小学校三年生の智美は、生活面では何の問題もないのですが、算数が苦手で、授業中や休み時間に個別指導をすることがよくありました。同じような問題を繰り返し練習させ、定着できたと思ったころに理解力のテストを実施しました。

同じような問題を何回もやっていたので、智美はきっと合格できるはずと思っていたのですが、不合格でした。思わず「あんなに教えたのに、なぜできないの」と智美に言ってしまったのです。その後、智美は授業中に私が個別指導をしようとしたら泣き出してしまい、個別指導を拒否するようになりました。

「なぜ？」と聞かれても、当人はできないからできないのです。できないことを責めてもできるようにはならないのです。特に、プライドを持っている子どもにとっては、教師が個別に支援や指導することで、自分ができないことをみんなに知られることが、嫌なのでしょう。

定着したと思っていたのは、私の勝手な思い込みだったのです。できる問題から取り組ませ、

できたことをほめ、スモールステップでつまずきを見つけていくことが大切なのです。そして、子どもの思考過程のどこにつまずきの原因があるのかを見つけることこそ、教えるプロである私の役目だったのです。限られた時間の中では、難しいことではありますが、結果を焦ってしまうと、子どもとの信頼関係を崩し、取り返しのつかないことになってしまいます。

その子に個別の指導をするときは場や時間も考慮することが必要です。友だちの目にふれる場で指導されることを拒む子どもには、ヒントカードや個別の問題を用意することも有効かも知れません。

泳ぎの得意な人は、泳げない人を見て「どうして泳げないのだろう」と思うのではないでしょうか。鉄棒の得意な人も、逆上がりができなくて悪戦苦闘している子の苦労を理解しにくいものです。算数も同じです。ひょっとすると智美は、学習障がいがあるのかもしれません。

♧このように言ってみてはどうでしょう

「惜しかったね。どこで間違えたのか一緒にチェックしてみようか。次は、そこに気をつければきっと合格できるよ。」

19 お前はおしゃべりだ

小学校三年生の亮太の母親から、放課後、電話がかかってきました。電話の内容は亮太がこぶのできるけがをした後の対応についてでした。亮太は図工の時間に作業の手順を間違えて、工作の作品が完成できなくなってしまいました。担任が説明しているときに亮太は隣の席の子とおしゃべりをしていて、大切な手順の注意を聞き逃していたのです。手順の間違いに気づいた担任は、「亮太、お前はおしゃべりだ。だから説明を聞き逃して、失敗するんだ」と担任から怒られたそうです。亮太は腹を立て、「なんで俺だけ怒られるのか」と担任に抗議しようと立ち上がって歩き始めたところ、友だちの机につまずき、おでこを机の角に当ててしまい、こぶのできるけがをしました。

担任から連絡を受けた養護教諭の私は亮太の額にこぶができていたので、氷嚢で冷やして経過観察をしました。この日の三年生は、午後の授業がなかったため、担任に連絡をして、額部打撲のため家へ電話連絡してもらうようにしました。担任は自宅へ電話をしましたが留守のため、母親が戻るころに再び電話をしようということにしました。

しかし、母親は担任からの連絡より先に、亮太本人から学校でのけがについて話を聞いたのです。亮太は「俺だけ怒られた」と泣きながら母親に話したのです。

母親からの電話の内容は「息子がけがをしたのに担任から全く連絡もなく、担任は何をしているのか。担任がダメならば養護教諭からでも連絡があっていいのではないか」というものでした。居合わせた私が母親へ、担任が自宅への連絡をしたが、留守であったことと「こぶの腫れは学校で氷嚢で冷やしてなくなりました。今後に異常があれば脳外科への受診をしてください。本日は入浴を控えてください」と取り敢えずの家庭の対応を話しました。

それでも母親は「子どもがけがをしたのに、学校からは何の連絡もなく、本人は『俺だけいつも怒られている』と言っています。どうして亮太のことばをきちんと聞いてくれないのですか。先生は平等に子どもを見てくれているのですか」と納得できないようでした。

校内のけがは、低学年ではよく発生します。けがの程度にもよりますが、家庭への連絡については、留守家庭にあってはメモを持たせるなどの配慮が必要と思いました。

♧このように言ってみてはどうでしょう

「亮太、間違えちゃったね。何とか完成できるように先生が手伝ってあげる。だけど、どうして間違えちゃったのかな。」

20 今度忘れたら、おかわりなしだ

静かにしないで騒がしい子、宿題を提出しないでいつも忘れてくる子などいろいろいて、その子たちは教師にとって手のかかる子です。そのたびに指導してわからせても次の日には、同じ子が同じ内容で注意をされることがよくあるのです。

そんなとき、教師は指導に即効薬はないとわかっていながらも、「これだけ毎日言っても、また、同じことを繰り返すのか」「いったい何回言えばわかるんだ」と大声を上げて怒鳴ることがあります。しかし、その子にとっては、教師に大声を上げられてもそれは単なる脅しに過ぎません。それでも、改善がみられないと、教師は次には、子どもの弱点を突いて皮肉を言ってしまうことが多いものです。

小学校三年生の真一にとっての一番の楽しみは給食でおかわりをすることです。それを「今度忘れ物をしたら、給食のおかわりなしにするぞ」と担任に言われたのです。でも忘れ物を減らす効果はありませんでした。翌年に担任して、家庭訪問をして気づいたことですが、真一の親は子どもの教育に熱心ではなく学校任せであること、家の中の整理整頓が十分ではないことと、もっと大きな問題は朝食を親が作らないということがわかったのです。

真一は、毎日、朝食を食べずに登校していたのです。忘れ物も、家庭をみれば当然と思われる

ほど雑然としていたのです。お腹を空かしての登校で、発育盛りの真一は、給食でお腹を満たしたかったのです。なのに昨年の担任は「忘れ物をしたら、給食のおかわりはなし」と脅しのようなことを言って、真一の忘れ物をなくそうとしていたのです。

私は家庭訪問をしてみて、真一がなぜ何度も同じことを言わせていたのかが、よくわかりました。飽食の現在でも、家庭の都合で、朝食を食べさせられない、否、朝食を準備しない家庭があることにも、気を配る必要があることを初めて知り、安易に「今度忘れ物をしたら、給食のおかわりはなしにするぞ」というようなことばは口にすべきではない、と自分に言い聞かせたのでした。

忘れ物を繰り返す子は、注意されると「次は忘れないようにしよう」と思うのですが、また忘れてしまいます。「忘れないように」という漠然とした注意ではなく、持ち物のチェック表を用意するなどの具体的な方策を、その子に合わせて考える必要があります。

このように言ってみてはどうでしょう

「真一君、これからは、少しずつでもいいから『忘れ物はないか』と自分で自分に聞くようにしてほしいな。」

21 早く食べなさい

「早く〇〇しなさい」という言い方はよくすると思います。学校では決められた日課に従って活動していますので、のんびりしている子どもがいれば、何とか決められた日課に間に合わせようと、このようなことばを口にすることが多くなります。

小学校三年生の慶子が「腹痛」を理由に欠席するようになった、と担任から相談されたことがあります。担任の話では、慶子は指示やきまりなどをよく守り、それまで欠席もほとんどなかった、ということでした。さらに担任と話していると次のような経緯が分かりました。給食のときに片づけの時間が迫っているのに半分以上食べ残している子が何人もいました。そこで「片づけに間に合わないよ。早く食べなさい」と担任は急がせました。話に夢中になっていた子どもたちは急いで食べ始めましたが、慶子はそれまでと同じ調子で食べています。さらに「慶子、もうあまり時間がないよ。早く食べなさい」と言いました。慶子は「はい」と返事をしましたが、結局時間内に食べられませんでした。仕方がないので、「明日は全部食べられるようにしようね」と言って片づけさせました。

慶子の欠席はこの翌日から始まっていました。担任の話から、慶子の家庭では、食事に十分な時間を取り楽しく食べるようにこころがけているということでした。また、担任も給食時に「よくかんで味わって食べましょう」と指導をしていました。

慶子はこのような指導に従って、よくかんで食べていたので遅くなった、と考えられます。慶子には「よくかんで」しかも「早く食べる」ことができなかったわけです。担任に「明日は全部食べられるようにしようね」と言われたけれど「とても時間内に食べられそうにない」と思った慶子は、学校を休むほかなくなってしまったのでしょう。

このように担任に話すと、「決められた時間までに片づけを終わらないと、私が『係の先生に苦情を言われてしまう』『迷惑をかけてしまう』という思いから、つい児童にいいました。日頃『よくかんで味わって食べましょう』と指導していたことを忘れていました」と反省していました。

食べることだけでなく、作業や学習などでもその速さには個人差があります。全員が同じようにすることを要求すること自体に無理があると考えて、指導方法や指導過程を考えることが大切だと思います。

このように言ってみてはどうでしょう

「給食の量が多かったのなら残していいよ。次からは、食べられそうな量にしようね。」

22　集団行動の練習を

歩夢は小学校三年生です。保育園のころから友だちと遊ぶことが少なく、一人でいる時間が多く、こだわりも強い子でした。母親は周りの子どもたちと比べて「わが子は育てにくい」と思い、二年生の時メンタルクリニックを受診し、『アスペルガー症候群』と診断されました。母親は、担任にそのことを報告しました。

二年生の担任は、いろいろな配慮をしてくれ、何とか登校できていました。しかし、三年生になって担任が替わり歩夢がふざけたり、あばれたり、騒いだりした時、担任は力で押さえ込もうとしました。

歩夢が授業中おしゃべりをしていた時、担任は強い口調で「お口チャック！」と言いました。その夜歩夢は「お母さん、お口がチャックになって開かなくなっちゃうよ」と泣いて怖がった、ということでした。

歩夢はだんだん登校を渋るようになり、五月に入って全く登校できなくなってしまいました。一日中歩夢と一緒に家で過ごしていた母親は、歩夢の癇癪とこだわりにつきあうことに疲れ果てていました。

そんな時、六月の遠足のお知らせが届きました。歩夢は「頑張って行ってみる」と言いました。

母親は歩夢が前向きになったことを大変喜び、そのことを担任に連絡しました。

それを聞いた担任は「そうですか。四月の校外学習では突然車道に飛び出して、驚かされました。今回は電車に乗って移動をしますので、とても心配です。みんなと一緒に行きたいのなら、集団行動を練習させておいてくださいね」と言われました。

母親は「歩夢は不登校なんです。どうやって集団行動を練習させろって言うんですか？　遠足には来るなってことでしょうか？」とカンカンです。

この後、母親と担任の話し合いがもたれ、母親がつき添うことで歩夢は遠足に参加することができましたが、それ以降、母親はこの三年の担任に不信感を持つようになりました。

登校できていない歩夢が遠足に「頑張って行ってみる」と言えたことは、母親だけでなく、担任にとってもうれしいことです。その実現のために集団行動の約束事は大切なことですから、集団行動の練習を登校のきっかけにしたり、必要最低限な約束事を家でも練習してもらったりするのも一つの方法でしょう。

このように言ってみてはどうでしょう

「それはうれしいことです。遠足の当日困らないために、集団行動の練習に来てみませんか。」

23 時間が来ましたので

どの小学校でも年に二・三度は保護者会が開かれ、担任の教師は保護者と面談をして、子どもの学校での学習の状況や生活の様子を伝えたり、家庭での様子を聞いたりする機会があります。三・四日でクラス全員の保護者と面談をするのですから、一人当たり十分程度が面談の時間となります。短い時間しか取れないことは、日時の連絡とともに事前に各家庭へ文書で伝えられています。

小学校二年生の康子の家は父親が面談に来ました。康子は学習・生活ともに、特に何の問題もなく学校生活を過ごしています。康子の学校での様子を話し、面談の予定時間の十分が過ぎても話は続きました。父親の話は、康子の姉の話題になっていましたので、十五分程経ったところで、話のきりのよい辺りを見計らい「時間が来ましたので」と話を打ち切り、私は立ち上がって「ありがとうございました」とお辞儀をしました。

廊下には次の保護者が待っていたので、「次の方どうぞ」と声をかけました。そして、次の保護者が教室に入ってきました。すると突然、康子の父親が「俺はまだ終わっていない」と怒り出しました。康子の父親は大きな声で当たり散らし、自分の言いたいことだけ言うと、教室から出て行きました。

康子の父親は、それだけでは怒りが治まらなかったようで、教室をでたその足で、市の教育委員会に苦情を言いに行ったのでした。私が保護者会を終えて職員室に戻ると、大事になっていました。保護者会を終えてほっとする間もなく、私は校長室へ呼ばれました。

保護者会ではどの保護者もわが子のことを心配し、少しでも多く担任と話したいという気持ちを持っていることは分かっていても、予定の時間が過ぎ、廊下で次の保護者が待っていると『時間どおりに進めなくては』と、つい焦ってしまうのは無理からぬことで、それが長引いて、次の次の方の姿も見ると、私の方も落ち着いておられなくなってしまうのです。

懇談の予定にゆとりがない場合もありますが、長びきそうな保護者が分かっていれば、その保護者の次は、一人分空けておくとか、その日の最後に予定するのも一つの方法です。

♧このように言ってみてはどうでしょう

「申し訳ありませんが、面談の予定時間が過ぎました。次の方がお待ちです。必要ならば、日を改めて時間を設けたいと思いますので、今日はこれで終わりにさせてください。」

24 指導しました

学校生活の場面では、子ども同士で言い争いなどちょっとしたトラブルが起きるのは、よくあることです。そんなとき、当事者の言い分を聞き、それぞれのよくなかったところを振り返らせ、どこがいけなかったかを理解させ反省をさせます。そしてお互いによくなかったことを認めて謝り、これから取るべき行動を認識させるように指導します。その上で私たち教師は、保護者に連絡を取っておいた方がよいと判断すれば、電話や連絡帳で知らせます。

小学校三年生の康夫は、わんぱくで負けず嫌いです。算数の時間に後ろを向いておしゃべりをしてくる康夫に「うるさい。邪魔だから」と美里が注意をしたところ、康夫はその注意を素直に聞き入れなかったので、康夫に「キモ！」と言いました。そのことばが発端で、二・三の言い争いの後、カッとなった康夫は、美里の机上に置いてあった定規を折ってしまいました。授業が終わって「大切な定規を折られた」と美里が康夫の行動を私に訴えてきたので、康夫を呼んで事の成り行きを聞きました。定規を折った康夫はもちろんのこと、美里もよくないことばを言ったことがいけなかったと反省したので、お互いに謝って事態を収めました。二人とも素直に反省できたので、これぐらいのことは日常よくあることと思い、家庭への連絡はしませんでした。

子どもたちの下校後、美里の母親が折れた定規を持って来校しました。「今日、うちの子の定規が折られたんですけど」と、美里の折れた定規を差し出しました。「ああ、この定規ですね。この件は、指導しました」と、私が言いますと母親は納得せず「先生はこの定規が美里にとってはどんなに大切なものなのか、わかっていないんですね。どんな状況でこうなったのかを知りたい」と言われ、教室まで行って説明することになりました。教室で私の説明を聞いた母親は、折れた定規を握りしめ、涙を流しました。美里のその定規は、家族旅行に行ったときの記念に、昨年亡くなった祖母が美里に買い与えたおみやげでした。祖母が美里に買い与えた最後のものでした。

他人にとっては単なる定規であっても、その子にとっては特別な物であることがあります。忙しい日常生活では、さっさと問題を解決したいという気持ちが優先してしまいがちですが、美里が訴えてきたときに、もう少し話をじっくりと聞き、定規の由来を知り美里の心情を察するべきであったと思わされる事件でした。

♧このように言ってみてはどうでしょう

「特別な意味のある定規だったんでしょうか。美里さんが大切にしていたようですが。」

25 嫌いなら仲間はずれにしてもいいのか

いじめは教師の目の届かないところで行われます。教師が知ったときは、既に時間が経過しているためその時の状況がうまく掌握できないことがあります。そして、解決を急ごうとしてますます実態をよく把握できないことになります。その上、教師が考えているほど、子どもから情報が集まらない場合もあります。それは、いじめに関して、子ども自身が口を開こうとはしないからです。教師に話した時点で、今度は自分の方が仲間はずれにされるかもしれない、いじわるされるかもしれないという、心配が生ずるからでもあります。

情報を得ることは、いじめの早期発見・早期対応になりますが、そのためには、教師は普段から子どもとのコミュニケーションをしっかりとることと、日ごろから子どもの話に耳を傾けることで教師と子どもの信頼関係を築いておくことが大切です。

小学四年生の知子は、学期の始め、集団の中に入っていけず、いつも休み時間は一人で過ごしていました。複数の子どもから無視されているということが担任の目から見ても明白でした。知子が話しかけようとすると、話しかけられた子どもは別の子どもと話したり、知子の方を見ては、ひそひそ話をしたりしていました。

担任が知子のいじめの実態を個別に子どもたちから聞くと、口々に「知子の自慢するところが嫌い」と言いました。例えば、「リコーダー、上手に吹けたよ」とか、自分の描いた絵を見せて、「これいいでしょう」といったことを知子がよく口にするとのことでした。それが子どもたちには自慢しているとうつるようです。「自慢とは思わない」と答えた子も多少はいました。

そんな個別の指導を通して、私は「嫌いなら仲間はずれにしてもいいのか。友だちが相手にしてくれなかったら、どんな気持ちになるか」と強く指導したのですが、まだ多くの子どもたちは、知子と対等な関係になっていません。「どうしたら」と悩む日々です。

いじめの対応を間違えると、かえって反発をかってエスカレートさせてしまうことがあります。いじめる子への指導も必要ですが、いじめを受けている子への支援を、まず最優先して支えてやることが大切です。

♧このように言ってみてはどうでしょう

「もう四年生です。自分と友だちのことが考えられるように成長しています。このクラスで、友だちが相手にしてくれなかったり、仲間に入れない子がいたら、残念だし、悲しいし、辛いことです。『自分がその子の立場になったら』と考えてほしい、と思います。」

26　順一待ちなさい

最近は、「発達障がい」と診断された子が通常学級に在籍するようになりました。発達障がいのことを理解している担任のクラスになった子どもは担任の上手な対応で、徐々に学級内で人間関係が持て、学校生活を乗り切れるようになります。

小学校四年生の順一はクラス替えで、新しい男の先生が担任になりました。今まではクラスから飛び出して中庭の池の周りで鯉と戯れていることがありました。新しい担任も最初は何が何だかわかりませんでしたが、優しい対応を続けていて、やがてその担任の姿に多くの子どもたちがこころを寄せるようになり、学級も安定しました。

順一も「四年生になったら勉強を頑張る」という目標を持って四月、五月は過ごしていたようです。六月に入り、雨模様のジメジメしたある日、教室の席に座っていられなくなった順一は教室を飛び出してしまいました。担任はびっくりして「順一待ちなさい」と叫びながら追いかけ、廊下で順一をつかまえました。順一は捕まえられたものですから、暴れます。ギャーギャー騒いでいたため、相談員の私も駆けつけ声をかけました。少しずつ落ち着きを取り戻した順一に「相談室で気分転換しない？　気分転換してから教室に戻ればいいよ」と言うと、担任と一緒に相談室に入ってきました。私は担任に「もう少し様子を見てから教室に戻します」と了解をとりました。順一は相談室にあった箱庭の砂で遊び始めました。彼の話によると好きな教科は算数、理科。嫌いな教科は国語の漢字。でも本を読むことは大好き。少年野球チームに入っていて外野を守っていること。でもボールが全然こないので、遊んでいると監督から怒られることなど話してくれました。担任が「これから算数の授業だよ」と迎えに来てくれたので、すんなり教室に戻っていきました。

この後、担任と私で順一のことを話し合いました。担任によると机の上、身の周りがきちんと整理できない、食器も二、三日片づかないなど、かなり困っている様子でした。そして授業参観日などは、朝から片づけをしなければならず参観授業では、勝手に手を挙げて発言したりするので、周りの子たちも困惑しているとのことでした。担任は、今日のように、突然に教室を抜け出るような異常行動には、どう接したらいいのか、今は困っている、というのでした。

現在、発達障がいのある児童・生徒は、通常学級か特別支援学級か特別支援学校かのいずれかに、関係者で話し合い、保護者の意向を重視して決めますので、このようなケースがあります。

このように言ってみてはどうでしょう

「どうしても教室にいるのがイヤになったら先生に合図してくれる？　そうしたら、ＯＫの合図をするからね。」

27　ちょっと待って、あとで聞くから

「先生、話したいことがあるのですが」

教師の一日は多忙で、休み時間といえどもやらなくてはならないことが山積しています。そんな時に担任している知子が「先生、私の話を聞いてください」と職員室で私に話しかけてきたのですが、その時私は別の仕事中でしたので、「ちょっと待って、あとで聞くから」とその場ですぐに対応しなかったのです。その後時間ができたので、知子に「先ほどのことだけど……」と声をかけたのですが、知子は「もう、いい」と、私には話をしてくれませんでした。知子にとっては、その日のその時に聞いてもらいたかったのでしょう。私が「ちょっと待って、あとで聞くから」ではなく、わずかな時間でもいいからその場で、聞いてあげればよかったのです。

その後、私はこころにわだかまりができて、折に触れて「知子さん、何か先生にない？」とか「今は先生は暇なのですが……」などと、それとなく声をかけているのですが、そのたびに知子は「何もありません」とか「先生には話したくありません」などと、冷たく反応するのみです。

私としては、その時は聞かないつもりはなく、たまたま仕事が集中していて、聞くゆとりがなかったので「ちょっと待って、あとで聞くから」とつい口先で応じてしまったのです。

このような事例はよくあるもので、それを機に師弟の関係が壊れることがよくあります。忙しい時には子どもの顔も見ずに「今、忙しい」とか「後で聞く」と言いがちです。しかしそれが師弟の絆を切ったり、細めたりするもとになります。子どもが担任に訴えに来るのは、それまでに当人が悩みに悩んだ末でのことです。教師はそのことをこころして、子どもの訴えに耳を傾けるべきです。

実践しようとしても、なかなか難しいことですが、この機会を生かせば、逆にその子どもとの関係を好転させ、絆を拡大することができるのです。

「あとで」というのは、五分後なのか、一時間後なのか、翌日なのかわかりません。仕事が中断できるのなら、その場で聞いてやるのがベストです。できないのなら「五分でキリがつくから、待っていてくれないかな」など、具体的な時間を示せば、その子は納得してくれると思います。

♧このように言ってみてはどうでしょう

「先生に聞いてほしいことがあるんだね。今は時間がとれないから、次の休み時間に待っているよ。」

28　学級にいなくてもいい

四年生の節子の学級では学習発表会に向けての役割分担が決まり、台本が全員に配られました。次の時間は練習なので節子は台本を机上に用意して、仲良しの二人とおしゃべりしているうちに、手が台本に触れ床に落ちてしまいました。そこへ、妙子が通りかかり、台本を踏んでしまいました。それに気づき慌てた妙子は台本を拾い、「ごめんなさい」と謝りながら節子に渡しました。

節子は受け取りながら「あっ、靴跡がついちゃってるじゃん。きれいに取ってよ」と妙子に突き返しました。節子と仲良しの二人がのぞき込み、「あっ、くっきりと靴跡がついちゃってるね。妙ちゃん、元通りにしなきゃ」と節子に加勢しました。妙子は「わかった。きれいにするよ」と、消しゴムで消し始めました。しかし、多少は薄くなるものの、靴跡は消えません。それでも何とかしようと妙子は一層力を入れました。すると、紙が破れてしまい、「あっ、破っちゃった」「大変だ」「破っちゃって、どうするの」と、節子ら三人で妙子を責めました。妙子は下を向いたまま涙を流し始めました。

教室に来た担任は、節子や近くにいた子どもたちに事情を確認しました。そして、子どもたちを席に着かせ、「妙子さんが台本を踏んだのは偶然のことですし、節子さんに謝り、一生懸命きれいにしようとしました。節子さんたちは、ちょっと言い過ぎだと思いますよ。みなさんは、どう思いますか」と話しました。すると「妙ちゃんがかわいそう」『元通りにしろ』なんて無理な注文だよ」「節子たちは無理を言い過ぎだよ」などの声があがりました。

担任は節子たち三人に「みんなの意見を聞いてどう思いましたか」と尋ねました。すると「ちょっと調子にのって言い過ぎました。ごめんなさい」と二人は謝りましたが、節子は「私は悪くないもん」と、謝りませんでした。担任は「自分が言い過ぎたことを認められない子は、先生の学級にはいなくてもいいです」と言ってしまいました。節子は「それじゃぁ、出て行きます」と、教室から出て行ってしまいました。

その翌日から節子は登校しなくなりました。担任が家庭訪問しても会おうとしませんので、母親に「教室に入るのが嫌なら、保健室でもいいので登校してほしい」と伝えてもらいました。翌朝、「『保健室なら登校する』と節子が言っている」と母親から電話があり、「保健の先生に頼んでおきます。節子さんが嫌なら私は合わないようにします」と伝えました。

♧このように言ってみてはどうでしょう

「節子さんは『自分は悪くない』と思うのね。何か言いたいことがあるんでしょ。みんなにわかるように話してくれないかな。」

第4章　小学校五年生から中学校二年生

29 それは本当に嫌がらせなの

小学校五年生になり、新しい学級にも慣れてきた五月の半ばごろから美紀が「あれ、どうしてだろう」とか「片づけたつもりだったのに変だなあ」などと思うことが何度かありました。帰ろうと靴箱に行くと、右の靴はかかとが手前で、左はその反対に入っていたり、掃除が終わって美紀が使って片づけたはずのほうきが掃除道具入れの横に立てかけてあったりしたのです。六月になっても同じようなことがあり「ひょっとしたら、誰かがいたずらしているのかな?」と美紀は思いましたが、確証はありません。

図工の時間に美紀が厚紙をカッターナイフで切っていたときのことです。すぐ後ろの尚美が立ち上がるときに机を動かし、美紀の椅子に当たりました。美紀はそのためにカッターナイフが滑り、切り損なってしまいました。「あっ」と声を出した美紀に「ごめん」と尚美は謝りましたが、表情は笑っているようにも見えました。

別の日の給食の配膳中には、美紀の座席だけとばしてご飯が配られ、配っていた尚美に「私のご飯がないよ」と言うと「ごめん、ごめん。うっかりしてた」とご飯を持って来てくれました。しかもまた尚美がニヤッと笑ったように見えました。その日の帰り、美紀の靴が裏返した状態で靴箱に入っていました。昇降口を出て行く尚美とその友だちは、驚いている美紀の様子を見て、笑っているように思えました。

「尚美の嫌がらせに間違いない」と思った美紀は、友だちに相談しました。友だちと二人で考えた末、「担任の先生に話すしかない」という結論になり、翌日の授業後に担任に思い切って話しました。すると担任からは「それは本当に嫌がらせなの。尚美がするところを見たわけではないのでしょ。確実に言い切れないなら、確認してから相談においで」と予想外のことばが返ってきました。五年生で初めて若い男性が担任になり、美紀は喜んでいましたが、その思いはこの一言で崩れてしまいました。

美紀が嫌がらせだと思っても、実はそうではなく単なる偶然である可能性がありますし、靴のいたずらも尚美ではないかも知れません。そんな思いが担任にあり、「それは本当に嫌がらせなの」ということばになったのかも知れません。仮にそうであったとしても、美紀が不安な気持ちになっていることを受けとめ、美紀の話をしっかり聴いてあげることが大切です。

♧このように言ってみてはどうでしょう

「よく話してくれたね。美紀が不安な気持ちになっているのに気づかなかったよ。これからどうしたらいいか、先生と一緒に考えよう。」

30 三学期は休まないで、頑張ろうね

微熱や咳を理由に欠席すると、その後も数日欠席が続く子どもがいます。朝、だるそうにしていたり、咳こんでいたりすると、親が心配になるのは当然です。我が子の体調を見て、欠席させるか登校させるかの判断は、保護者に委ねるほかありません。

小学校五年生の恵里は、朝の準備に時間がかかり、母親にせかされると、「熱っぽいから、休みたい」「熱はないけど、頭が痛い」と言うことがよくあります。母親は「本人が具合が悪いというので、欠席させます」と電話連絡をしてきます。それが、二日、三日と続くと、母親は「そのくらい大丈夫だから、登校しなさい」と、今度はきつく恵里に言うようになり、恵里は泣き出します。そういう状況になると、母親は担任に助けを求めてきます。その繰り返しで、一学期が過ぎ二学期も終了してしまいました。

恵里は学力もそこそこにあり、仲のよい友だちもいて、学校では楽しそうに生活しています。健康面でも、特に心配な様子は見られません。私は本人が登校への強い意志を持てば、大丈夫と思いました。そこで三学期始業の日「三学期は、休まないで頑張ろうね」と、恵里に明るく声をかけました。気持ちを新たに頑張ってほしいという願いからのことばでした。

しかし、数日後、恵里は発熱を理由に欠席しました。母親は、欠席日数が多いことを気にしな

がら「本当に熱があるのです」と、言い訳じみた言い方で連絡してきました。三日間欠席が続き、家庭訪問をすると、恵里は体調を取り戻していました。そして、「先生との約束を破ってしまい、登校しづらくなった」と私に言うのでした。「三学期は、休まないで頑張ろうね」ということばが、体調をくずした恵里を「先生の期待を裏切ってしまった」という気持ちにさせてしまったようです。私のことばが、恵里にも母親にもプレッシャーを与えてしまったようです。

登校を渋る傾向にある子どもには、いろいろな原因が考えられます。恵里の場合は、体調不良で欠席した後、学校生活への不安が大きくなるからのようです。欠席した子には、その日のことを伝え、安心感と翌日への期待感を持たせることも大切だと、この事例で知りました。

体調不良を理由に欠席が多い恵里のようなタイプには真面目な子が多く、「期待に応えよう」「頑張らなければ」と思い、それが困難だと感じると、身体に症状が出てきます。励ましや約束事などが逆効果になってしまいます。

♧このように言ってみてはどうでしょう

「元気な顔が見られてよかった。三学期も、楽しいことがいっぱいだよ。友だちと学校生活を楽しもうね。」

31 子を登校させるのは、親の義務です

小学校五年生の洋子は、はきはきしていて何事にも進んで取り組む活発な子どもでした。ところがある日、今まで仲のよかった友だちと些細なことが原因でけんかをし、話をしなくなったことから登校できなくなりました。そのころ、洋子には別の問題も生じていました。それは、母親との激しいケンカです。その結果、洋子は母親の家を出て近所に住む祖母の家で生活することになったのです。この二つのことから登校できなくなったのです。このような家庭との連絡がうまくとれない状況では、どのように働きかけたら、と迷うのでした。

洋子の情報を得るために、私は祖母の家へ出向き、洋子に担任として心配していることのみを伝えました。「みんなが待っているぞ」などと言って登校を強制しないようにしました。次いで母親に会い、「今は親子でケンカをしているときではありませんよ。ケンカをしていては、とても学校へは来られませんよ。洋子さんの気持ちになってみてください」と話したのですが、母親は「私が好んでケンカをしたのではありません。今までのいろいろなことがあってケンカになり、洋子が『こんな家にいたくない。お婆ちゃんの家へ行く』といって出て行ったのです」というのみです。

私は親子の家庭内のことには口を出すべきではない、と思いながらも「でも、親子が同じ屋根

の下に住まないようでは、洋子さんは安心して登校もできませんよ。子を登校させるのは、親の義務です。大切な義務なんですよ」と、言ったのです。すると母親は「そんなことはわかっています。好きで家出させているのではありません。もう先生とこんな話はしたくありません。帰ってください」と言い、私は追い出されてしまいました。

私の対応がよくなかったとは思うのですが、このような場合は、担任として介入すべきか否か、とても悩みます。もし介入するとしたら、どのような仕方があるか、あるいは、私は距離を置き、外部の機関に依頼した方がよいのか、などと混迷を深めるばかりです。

洋子の母親は、「何とかしたい」と思っているのですが、「どうしたらよいか」分からず困っているのです。このことを踏まえた対応が大切です。

♧このように言ってみてはどうでしょう

「お母さんとしては、辛い思いを耐えて、洋子さんの成長を願ってのことでしょう。私も本人にそのことをよく伝えさせていただきます。その上でまた登校について話し合いたいと思います。」

32 言ったでしょ

指示したことがきちんと伝わっていないとき、「○○と言ったでしょ」という言い方をよくすると思います。児童個人に伝えるときは、相手の顔を見ながら言うことができるので、きちんと伝わったかどうかは、伝えようとする児童の表情を見ていれば大体分かります。また、伝えたい事柄を本人に復唱させれば、確実に伝わったかどうかを確かめることができます。しかし、学校では集団生活をしているので、全体に指示を出す場合が多くなります。

小学五年の裕美は、土曜日の部活動開始時刻の変更を聞き逃してしまいました。いつもは八時三十分から行われるのに、その日は、九時三十分から始まるという話が、前日、部員全体にあったにもかかわらず、裕美はいつもの八時三十分に登校しました。校門で出会った顧問は、鋭い語気で「今日は九時三十分からと言ったでしょ」と裕美に言いました。顧問にしてみれば、昨日全体にきちんと伝えたのに、「しっかり聞いていないから間違えて登校するんだ」という気持ちになったのでしょう。

部活動が終わり、子どもたちが家に着いたころ、裕美の母親から担任の私に電話が入りました。「今日の練習開始時刻の変更は聞いていないのに、先生からきつく言われたと裕美がしょんぼりしている」というものでした。もちろん部員全体に顧問は伝えたことを母親に説明しましたが、母親は「子どもは何も聞いていない」と言っていると埒があかず、とりあえずは「すみませんでした」と謝りのことばを言って、電話を終えました。

月曜日になって私は裕美を呼んでゆっくりと話を聞いてみました。初めのうちは聞いていないと言っていましたが、そのうち、先生の話のときに、友だちから話しかけられ断れず「話を聞いていなかった」と認めました。自分でも悪かったと思っていたようですが、突然頭ごなしに顧問に言われて、何も言えなかったようでした。

もちろん、話を聞いていなかった本人が悪いわけですが、時間に追われた毎日の日課の中では、教師が一方的にしゃべっているだけになることが多いのではないでしょうか。

教師はこころにゆとりを持ち、何か事情があったのかもしれないという気持ちで接したいものです。まずは「どうした」と、理由を聞く姿勢を持つことが、感情がこじれないためのポイントです。

♧このように言ってみてはどうでしょう

「おはよう。今日は早く来たんだね。ひょっとして練習時刻の連絡を聞き逃しちゃったのかな。」

33 言いたくなければ、言わなくていい

自分の考えを持ち、それを他者に伝えることは、大切な能力です。特別活動では、各教科の中で培った能力を使って意見を出し合い、自己決定や集団決定することを学ぶ場です。

五年生の学級活動で、「全校まつり」のクラスの出し物をどうするか、を話し合っていました。各自が事前に考えて来た意見を出し合い、一人ひとりがどの案に賛成かを話し合い、学級の意見として集約していきました。計画委員がまだ一度も意見のない信夫を指名しました。しかし、信夫は自分の考えを言おうとせず、優柔不断な態度をとっています。時間もなく、いつもふざけている子どもなので、私は「言いたくなければ、言わなくていいです。他の人の意見で決めていいですね」と言って、先に進めるように指示をしました。

その時、司会をしていた美津子は「信夫さんもクラスの一人なので、私は信夫さんの考えも聞きたいです」と言ったのです。そのことばを聞いた他の子どもたちも「信夫、一がいいのか、二に賛成なのか?」と選択肢を示しながら尋ねました。「どっちがいいかな? 一の方がいいかな」と、明確な意見ではありませんが、自分の考えを示しました。

他の場面でも、指名されて起立しても、何も言わずに立っているだけという子どもがいます。しかし、一人ひとりの状況は違います。理解力が劣り、質問の意味がつかめない子ども。質問の

内容は分かっているが、自分の考えをまとめて発表するのに時間がかかる子ども。発表しようとすると、極度に緊張してしまう子どもなどもいて、成長の違いが大きい年齢層です。教師は、そのことを心得て一人ひとりの状況を見極め、それぞれにあった支援に努めなければなりません。
信夫は、自分の意見を決めるのに、時間と支援が必要だったのです。仲間の支援によって、明確ではないながらも、自分の考えを示すことができた信夫は、「全校まつり」では、自分から役割を引き受け、生き生きと活動していました。

教師は、時間に追われていると、つい、切り捨てるような言い方をしてしまいますが、切り捨てられてしまった子と、クラスの一員として大切にされた子では、その後の活動に大きな違いが生まれます。

このように言ってみてはどうでしょう

「あなたも、クラスの大切な一員です。あなたの考えも入れないと、クラスの意見にならないよ。」

34 無責任な行動は、他人に迷惑をかける

目立つことが好きで、何にでも立候補するが、最後まで責任を果たせない子どもがいます。恵子は、低学年のころからいろいろな代表になり、そのたびに母親が手助けをすることで、何とか役目を果たしてきました。

五年生になった恵子は、代表委員となり、感謝集会の「お礼の言葉」に立候補しました。ところが集会当日、恵子は頭痛を理由に欠席してしまいました。代表委員会担当であった私は、あらかじめコピーしておいた原稿を同じ学級の男子に渡し、代役を頼みました。後で母親に聞いたところ「朝、なかなか起きなくて、恵子本人が少し頭が痛いと言うので、たいしたことはなかったのですが、休ませました」とのことでした。どうやら、立候補はしたものの、集会当日になって自信をなくし、休んでしまったようです。

次の委員会の時「一度引き受けたことは最後まで責任を果たさないと、他の人に迷惑をかけます。代表委員は、学校全体に関わる仕事をするので、きちんと責任を果たすように」と、私は各代表委員に話しました。

ところが、翌日から、恵子が学校を休み始めました。担任が電話をすると、母親は「代表委員会の担当の先生に無責任だと言われ、恵子が傷ついている。学校へ行きたくないというので、行

かせません」と言います。私は電話を代わってもらい、母親に状況を説明しましたが、取り合ってもらえませんでした。

翌日、校長、担任と私で家庭訪問をし、ことばに配慮が足りなかったことを謝罪し、登校を促しました。母親は「学校に行くことで、娘が傷つくのなら、学校へは行かせたくありません。娘を守れるのは、親だけです。他の児童も、恵子が無責任だと思ったに違いないので、指導の先生が間違っていたことを説明すべきです」と強く主張しました。私は恵子の登校が最優先だと思い、その要求を受け入れました。母親は、今回のことだけでなく、担任や学校への様々な不満や要求も出してきましたが、私が謝罪したことで、取り敢えずは恵子を登校させるようになりました。

クラブや委員会などで、異学年・異学級の児童を指導する場合、その児童の性格や能力が分からず、指導が難しいものです。その児童をよく理解している学級担任との連携が大切です。

♧このように言ってみてはどうでしょう

「代表委員は、学校全体の大切な役目を担っています。自分ができることから挑戦しましょう。そして、自分が引き受けた係に自信がない時は、先生に相談してください。」

35　いつまでこんなところにいるの

小学校六年生の千恵は、明るく、目立つことが好きな子でした。学級の中では、発言力のある女子のグループに属していました。しかし、そのグループの子が「千恵って、見栄っ張りで、一緒にいてもつまらないね」と言っていたことを聞き、千恵は、そのグループにいづらくなり、離れていきました。学級のおとなしい子たちのグループに入っても、物足りなさを感じ、だんだんと学級の友だちからも孤立していきました。その後、登校することが苦痛になり、朝になると体調不良を訴えて、欠席することが多くなりました。

千恵の欠席が続いて、困った母親から担任に電話が入りました。友だち関係がうまくいっていない様子に不安を感じていた担任は、千恵が登校できるよう環境づくりに努めました。しかし、友だちとの関係を修復することは難しく、このまま千恵の不登校が続くことを防ぐために、別室登校をすすめました。登校を再開できることを喜んだ母親は、千恵に「教室に入らなくてもいいから登校して」と懇願し、千恵の別室への登校が始まりました。

別室での登校を始めるにあたり、担任は職員に相談し、なるべく他の生徒と顔を合わせなくてすむように、職員だけが使用する資料室を、千恵の登校時に過ごす部屋にしました。千恵の別室登校が始まり、千恵は職員が資料室に出入りするだけでも緊張していました。二週間ほど経って千恵も別室で過ごすことに少し慣れてきたある日、資料室に教材を取りに来た教師が千恵に「ずっとここにいるけど、いつまでこんなところにいるの」と声をかけました。千恵はいたたまれず、戸棚の陰に隠れてしまいました。次の日の朝から、千恵は登校することができなくなってしまいました。

別室であっても学校へ登校することは、不安と緊張を抱えています。担任や母親を信じて別室への登校を決心した千恵でしたが、状況をよく知らない教師の一言で、別室登校を否定され、再び家から出られなくなってしまいました。教師の考え方は多種多様ですが、不登校の子どもへの対応には、教師間で共通理解を得ることが大切です。チームを組んで対応していくなど、不登校の子どもの状況や、学校での対応策を理解してくれる教師を増やしていく工夫が必要でしょう。

千恵に声をかけた教師も不登校であることを心配して、励まそうとしたのでしょうが、まずは千恵が別室に頑張って登校していることを認めて、千恵との信頼関係を築くべきでした。そうすれば、千恵も自分を否定することばではなく、励ましのことばと感じることができたでしょう。

このように言ってみてはどうでしょう

「頑張って登校しているね。また、ここに顔を出しに来ていいかな。先生とお話しましょう。」

36　夢を持ちなさい

「このごろの子どもは、夢が持てない」ということばをよく聞きます。小学校から、キャリア教育を計画的に行い、高学年では、自分の夢を具体的に語れる子どもになってほしいものです。中学校への進学を前に「夢を持ちましょう。その夢の実現に向かって、今、自分がすることを考えましょう」というテーマで授業を展開しました。

しかし、典子は、具体的な夢がイメージできず「私に夢はありません」と言うのみです。いつも、たくさんの本を読み、知識が豊富ですし、やるべきことはきちんとやる典子ですが、何かに夢中になっている姿は、ほとんど見られません。冷静に物事を見つめ、友だちと争うこともありません。そんな典子は「夢を持ちなさい」と言われても、「私が簡単にスポーツ選手や漫画家になれるわけはない。努力をすることは好きではないし、生計を立てるには、収入が多い仕事の方が良い」と、実に現実的です。

私は典子に『十三歳のハローワーク』や有名人の著書などを紹介しました。夢を持っている子どもにとっては、「夢を目標にして、具体的に努力すれば夢はかなう」ことが伝わります。しかし、夢を持たない子どもにとっては、他人ごとでしかないようでした。

典子のように、夢を語れない、語ろうとしない子どもが、今日では多いのではないでしょうか。

「プロスポーツ選手になりたい」「医者になりたい」「漫画家になりたい」というのは、たいてい運動神経が良かったり、勉強が好きであったり、絵が上手な子どもです。このような子どもには「スポーツ選手になって、何をしたいの?」とか、「お医者さんといっても、いろいろなお医者さんがいるよ」など、夢を具体的にしていけるような問いかけが大事になります。

一方、典子のように夢を抱けない子どもには、自分自身を見つめ直すような指導が必要です。例えば「好きなことは何かな」と聞いてみれば、「私は大勢の人といるより、一人でいるのが好き」とか「文章を書くより読む方が好き」などと答えてくれるでしょう。そこから「自分がいいと思う作品が本になったらいいな」と発展させられれば、「本の編集者が自分に合うかも」と夢につながっていくかも知れません。

子どもたちは、一人ひとり様々な可能性を秘めています。それを意識させるような、ことばかけが大切だと思います。

このように言ってみてはどうでしょう

「今の自分を見つめ、自分のよい面やしたいことを書いてみよう。それを大切にしていくと、自分の夢が見えてくるかも知れないね。」

37 入学できても授業についていけないぞ

小学校六年生の友和は、難関で有名な私立中学への入学を目指して進学塾に通いながら受験勉強に励んでいました。塾の授業はかなりのスピードで進みますし、家庭学習用の課題プリントも毎回各教科ごとに出ます。

二学期も残り少なくなってきた十二月初めの社会科の授業のときのことです。友和は家でやれなかった算数の課題プリントを担任に気づかれないように気をつけながら解いていました。しかし、担任は友和が授業とは別のことをしているのに気づき、「友和、何をしているんだ。そのプリントを見せなさい」と社会科の教科書の下に隠したプリントを取り上げました。友和は担任にプリントを返してくれるように頼みましたが、「今は社会科の授業中だ。どうして算数のプリントをやっているんだ。しかも、塾のプリントじゃないか」と取り合ってくれません。そして、「授業の続きをするぞ。友和、学校の授業をきちんと受けられないのに難しい中学校に入ろうなんて、無理な話だぞ」と話して授業を続けました。

担任はその日の授業後友和を呼び、取り上げたプリントを返しながら、「次は返さないぞ。授業中にも塾の課題をしなくてはならないほど余裕がないのに、中学受験なんて無理だ。止めた方がいいぞ。入学できても授業についていけないぞ」と話しました。友和は黙ってプリントを受け取って帰りました。
数日後の個別懇談会で「友和が『学校に行っても受験の役に立たないから、家で勉強する』と言い出したのですが、何かあったのでしょうか」と母親が話しました。担任は先日の塾のプリントを取り上げたときのことを母親に話しました。話しながら「入学できても授業についていけないぞ」と言ったことを思い出し、そのことも母親に伝えました。すると「分かりました。それが原因ですね。お話の通りかも知れませんが、もう少しことばを考えていただけると良かったですね」と母親は話しました。担任は母親に謝罪しましたが、信頼をなくしてしまいました。

担任がこのようなことを口にしてしまう背景には、担任の知らないところで、もっぱら進学塾による指導で、中学受験という小学校卒業後の進路が話し合われている現実があります。担任としては、何かおもしろくない感情をいだくのも無理はありません。

このように言ってみてはどうでしょう

「このプリントは塾のだね。ずいぶん難しそうだな。こんな問題をやっているとは、友和も大変だな。でも、今は社会科の授業中だ。先生としては、これを認めるわけに行かないのは分かるね。」

38 お前はどうなんだ

子どもに注意をしたときに、「他の子もしているよ」とか、「○○君もやっているのに、怒られるのは僕だけ？」「先生は○○さんをひいきしている」などと、子どもは自分のことを棚に上げて、注意されたことへの不満を言うことがよくあります。そんなとき、自分のしていた行動を振り返ってほしいという想いで「お前はどうなんだ」とか「お前もやっていたんだろう」と言うことがあります。

体調不良で学校を休んだ小学六年の宏子は、その日の夕方、母親と一緒に担任のもとにやって来ました。話を聞くと、宏子は「先生は美帆ばかりをひいきしている。同じようにやっていても美帆は叱られないのに、私ばかり叱られる」と、主張しました。さらによく話を聞くと、確かに思い当たることがありました。

昨日のことです。給食の準備中に、配膳をしないで友だちとおしゃべりをしている宏子を注意すると、宏子は「さっきまでちゃんとやっていたよ。手伝っていないのは、私だけじゃないから。美帆だってやってないんだから」と言ったのです。

なるほど美帆の自分勝手な行動は時に目につきますが、美帆に注意をすると素直に「はい」と返事が返ってきます。それに比べ宏子はというと、「私だけじゃない」と注意を素直に聞き入れようとしません。そのことばを聞いて、担任はつい「お前はどうなんだ」と声を荒げてしまいました。宏子にしてみれば、自分の言ったことが全く受け入れられず、担任に不信感を抱くようになったのでしょう。

「お前はどうなんだ」とか「お前もやっていただろう」や「人のことを言う前に自分のことを振り返って見なさい」などのことばは、教師が子どもと同じレベルに立って、話をしているのではないでしょうか。さながら、子ども同士の口喧嘩のようです。このようなレベルのことばかけの積み重ねが、教師と子どもの信頼関係を損なわせるのです。

教師は、子どもに自分のしていたことを素直に振り返らせ、自分自身の行動を見つめさせ、反省させなくてはなりません。それが子どもの行動の改善に繋がっていくのです。

♧このように言ってみてはどうでしょう

「なるほど。宏子の言うことは、わかったよ。これからは気をつけるね。美帆も手伝っていなかったし、宏子も手伝っていなかったんだよね。」

39 いつまでも隠れていないで、出てきなさい

自分の思いが通らなかったり、教師に注意されたりすると、教室を飛び出す子どもがいます。中には、そのまま、家に帰ってしまい、学校が大騒ぎになることもあります。

六年生の由美は、幼年期の家庭環境の変化もあり、感情のコントロールがうまくできません。低学年のころから、友だちとのトラブルも多く、教師に注意されることがよくありました。自分の非を認めようとしないために、きつく注意されると教室に戻らないこともありました。そのようなときの多くは、校舎内のどこかに隠れていて、教師に見つけてもらい教室に戻ります。

ある日、自習をしているはずの教室から、大きな声で歌う由美の声が聞こえてきました。「由美、自習の時間です。大きな声で歌っている時間ではありません」「え〜。私だけじゃない。何で私ばっかり……」「今、聞こえたのは由美の声です」と言って、自習を続けさせました。次の時間、トイレに行ったまま、由美が戻ってきません。いる場所が分かっていたので、しばらくは放っておきましたが、あまりに戻ってこないので他の子どもに自習を指示し、トイレのドアの外から、声をかけました。「自分が悪いことは分かっているのだから、いつまでも隠れていないで出てきなさい」「……」返事がありません。「他の騒いでいた人にも注意をしました。由美だけを叱ったわけではないよ。出てきなさい」と、何度声をかけても、出てくる気配がしません。困り

はてた私は、一人の女子に説得を頼みました。

「出てきて一緒に勉強しようよ。由美がいないと、クラスがつまらないよ」と声をかけています。「私は、みんなに迷惑ばかりかけるし、トイレにこもってしまって、恥ずかしいよ」と、返事が聞こえました。「大丈夫だよ」という声でドアが開き、由美が、教室に戻ってきました。

自分の思いが通らないと、大泣きしたり、駄々をこねたりする幼年期。集団生活の入門期には、まだその幼児性を残している子どももいますが、徐々に、協調性や自制心を身につけていくものです。由美は、感情のままに行動することもありますが、最近では自分を顧みることができるようになってきていました。ただ、こもってしまったトイレから出るという次の行動に移るきっかけがつかめないでいたのでした。

成育過程が、複雑な子どもや発達障がいをかかえる子どもが増えている現在は、一人ひとりの状況を見極め、その児童にあった、ことばかけが大切です。

♧このように言ってみてはどうでしょう

「由美、気持ちの整理ができたら、出ておいで。」

40 今日の欠席、また栄子だな

中学一年の栄子は夏休み明けから頭が痛い、お腹が痛いと欠席が目立ち始めましたが、栄子は自分から「保健室なら登校できるかも」と申し出て、保健室登校をするようになりました。そんなある日、栄子の母親から養護教諭の私に電話がかかってきました。母親の話は次のようなものでした。

昨日の学校帰りに、いつも栄子のことを気にかけてくれている明美が、家に連絡帳を届けに来てくれたついでに少し遊んでいきました。その時に明美が栄子に、「ねえ、今日どうして学校へ来なかったの。なんで休んだの。担任の先生が『今日の欠席、また栄子だな』って言っていたよ」と話しました。

明美が帰った後、栄子は祖母に泣きながらこのことを話しました。それを聞いた祖母は、帰宅した母親にそのことを伝え、「どういう担任の先生なのか」と憤慨していたとのことでした。母親は担任には直接聞きづらかったのか、養護教諭の私にどういうことなのか事情を明らかにしてほしい、と相談してきたのでした。

私は母親に、誰が、いつ、どこで、どのようにと言ったのかというような事実確認や、言い訳はせず、「お婆さんに栄子さんのことで心配させてしまったことはすみませんでした」とまず謝罪をしました。

その上で、担任は栄子さんのことを本気で心配していて、「今は保健室へ登校をしてくれていて嬉しい。今後は、登校が安定したら少しずつ教室へ戻ればよい」という方針でいることを伝え、「ことばは適切でなかったかも知れませんが、栄子のことを常に気にとめているから『今日の欠席……』ということばが出たのだと思います」とつけ加えました。

母親は「担任の先生は、よい先生だとわかっていたのですが、祖母の話を聞いているうち、事情がよくわからなくなり、心配で、先生に電話をしてしまいました。よくわかりました」と明るい声で話してくれました。栄子の母親は離婚していて、生活のため忙しく仕事をしているので、祖母が母親がわりになって、栄子の面倒をみてくれているということも教えてくれました。

登校ができなかった生徒が保健室に登校できるようになると、「次は教室へ」と先を急いでしまいがちです。生徒の状態を考え、無理のない対応を心がけることが重要です。

このように言ってみてはどうでしょう

「今日、栄子は来られなかったか。昨日は登校して疲れたのかな。早く毎日登校できるようになるといいな。」

41 部活に行けるなら、授業には行けるはずだよね

中学一年生の裕美は、二学期の体育大会が終わったころから登校を渋るようになりました。裕美は家庭では母親の言うことを聞かず、反抗的な態度をとっていました。毎朝のように母親の「学校に行きなさい」という怒鳴り声と、裕美の「学校へは行きたくない」の言い争いが続いていました。やっとの思いで裕美を登校させていた母親も、数日すると疲れを感じるようになってきました。そのうち、母親は裕美の欠席を黙認するようになり、欠席が多くなりました。

困った母親から相談を受けた担任は、裕美に登校してほしいという思いから「教室が無理なら保健室に登校してもいいよ」と提案しました。そして、裕美の保健室登校が始まりました。裕美は、保健室登校の当初は教師たちの言うことを素直に守り、自分からすすんで手伝いをしていました。しばらくすると、保健室から他の教室などに自由に出歩き、活発に友だちと話すことができるようになりました。

そのころ、中学三年の姉が養護教諭の私に「裕美は教室で授業を受けていると言っているのですが、本当ですか」と聞きに来ました。事実を姉に伝えると、「やっぱり。いつもだけど、また裕美は嘘をついていた」と激怒していました。家では自分の立場を守るために嘘を言ったのでしょう。裕美は学校でも自分の好きなことには積極的に取り組みますが、苦手なことや嫌なことは、

ごまかして逃げようとします。教師たちにも明らかに嘘とわかることを話すようになり、嘘をつかれることで、教師たちも裕美との信頼関係を築きにくくなってしまいました。

裕美は漫画を描くことが好きで、一緒に登下校をする仲のよい子が美術部だったこともあり、授業後に担任や養護教諭・部活の顧問に無断で、美術部の活動に参加し始めました。

それを知った担任は「部活は無断では入れない。部活に行けるなら、授業には行けるはずだよね」と強く裕美に言いました。裕美は泣きながら「部活には、授業に出られるようになってから行きます」と言いました。その翌日、担任には無断で、部の顧問に入部届を提出し、部活動に参加していました。結局、担任に嘘をついたことが判明してしまい、再び裕美の欠席が続きました。

裕美は保健室登校を通じて、学校での活動が広がり、部活への意欲も高まっていたのですが、残念なことです。

わがままな行動も、広い目で見ていけると、子どものこころを開くきっかけになります。

このように言ってみてはどうでしょう

「部活に行きたい気持ちもよくわかった。明るく部活に取り組もう。そこから学校生活が広がるといいね。」

42 もう少し頑張ろうよ

中学校一年生の輝幸は勉強が好きではなく、学習成績も下位でした。中学校に入学して、英語だけはみんなと同じスタートだから頑張ろうと、根気よく学習に取り組んでいました。しかし、六月に入ってもアルファベットの順序を間違えたり、大文字のJの向きが逆になったりします。小文字だと、bとd、pとqが反対になってしまうこともありました。

輝幸のクラスの英語担当の先生は、若い女性で学習が遅れがちな生徒を放課後残し、補習をしてくれていました。毎日十五分から二十分間程度の学習でしたので、サッカー部に入った輝幸も、少し練習に遅れはするものの部活動にも参加できました。

ある日の放課後、いつもの補習が終わるころ、輝幸は先生から「大文字のチェックをしてみよう」と言われ、Aから順に書いていきました。書き終わったときにはいつもの学習時間を過ぎていました。チェックし終えた先生が「よくできたね。輝幸君頑張ったね、合格だよ」と言ったので「やった、やっと合格できた」と輝幸も喜びました。いつもより少し遅れたけれど、部活に行こうと思った輝幸に、先生は「先生、今日はこのあと、何の予定もないから、この調子で小文字も合格しようよ。もう少し頑張ろうよ」と言いました。輝幸は「部活に行きたい」と伝えましたが「小文字もあと少しだから、この調子で合格できるように、もう少し頑張ろうよ」と学習の継続を促しました。輝幸は仕方なく学習を続けましたが、小文字は合格できず、サッカー部の練習も二十分程度参加できただけでした。

次の日の放課後から輝幸は英語の補習に参加しなくなりました。英語の授業後、「輝幸君、補習に来なくなったけれどどうしたの。今日はおいでよ」と先生に声をかけられた輝幸は「もうやらない」と答え、「どうしてなの」という問いには返事をしませんでした。

先生は、輝幸が根気よく学習して大文字ができたので「小文字も何とか」という気持ちから「もう少し頑張ろうよ」という、ことばがでたのでしょう。しかし、輝幸にしてみれば「自分としては精一杯頑張って大文字を合格したのに、『もっと頑張れ』と言われても、もう頑張れない。部活もできなくなってしまう」と、補習を続ける気持ちをなくしてしまったのです。

熱心な教師ほど、善意から「もう少し」ということばを使いがちです。生徒にとって負担になっていないかを考えないと、輝幸の場合と同じことを繰り返すことになります。

♧このように言ってみてはどうでしょう

「よく頑張ったね。今日は先生に時間の余裕があるの。何か予定があれば終わりにするけれど、もう少しやれそうかな。」

43 給食を片づけなさい

何らかの失敗をしたり、いらだって八つ当たりしたりしたときに、「悪いことをした」と思っていても、恥ずかしいために素直に謝ることのできない生徒がいます。周囲の友だちの目が気になったり、先生の前にいられなくて教室から飛び出したり、どこかに隠れてしまったりする例があります。

中学一年生の里子は、母親の虐待を受け、小学校四年生の時から親元を離れ、施設で生活し、施設の近くにある本校に通学しています。里子は自分の思うようにできなかったり、強く叱責されたりすると急に乱暴になり、物を投げたり、机をひっくり返したりすることがたびたびありました。

ある日の給食の配膳中のことです。本校の給食はセルフ配膳で、各自が自分の食べられそうな量だけを自分で盛っていくシステムです。里子はパンを取った後、パンばさみをパン箱に放り投げるようにして返しました。それを見た担任は「里子、投げて返すのはよくない。きちんと置き直しなさい」と注意しました。里子は「ちょっと放っただけじゃん。ちゃんとパン箱の中に戻したんだから、いいじゃん」と反論しました。「箱に戻したからいいということではない。置き直しなさい」と、担任が里子の手を取ると「離せ」と手を振り払い、用意し始めた自分の給食を放り出し、教室の戸を大きな音を立てて開け、廊下に飛び出していきました。

廊下を通りかかった学年主任が走ってきた里子を捕まえました。里子を追いかけてきた担任は「教室に戻りなさい。里子が給食を放り出したので、みんなが迷惑しているぞ」と、里子に声をかけました。里子は学年主任の手を、振りほどこうと暴れましたが、できませんでした。すると、里子は大声で泣き始めました。「泣いたってダメだ。教室に戻って、放り出した給食を片づけなさい」と、さらに担任が叱りつけると、一層泣き声が大きくなりました。

里子のように衝動的に行動してしまう子は「しまった」と自分では思っても、素直に謝罪できないことがほとんどですし、友だちの前で目立ってしまうと、興奮状態になりやすいようです。このようなときは、まず、落ち着かせて冷静に判断できる状態にすることが大切です。その上で声かけのタイミングや声の調子を考えて働きかける必要があります。また、この例のような場合、静かな場所に移動させ、養護教諭や相談員など担任以外の教師に相手をしてもらうのがいいのではないかと思います。

このように言ってみてはどうでしょう

「相談室に行こうよ。給食は後から運ぶからね。落ち着いたらゆっくり相談室で食べるといいよ。」

44 トラブルに巻き込まれても知らないよ

中学一年生の恵美はブログを二日に一回のペースで更新し、日記代わりにしていました。学級ではもちろん、親しい友だちにも知られないように気をつけていたのですが、同じ学級の男子生徒に気づかれてしまいました。暇つぶしに学級の生徒のニックネームを、検索サイトに打ち込んでいって、偶然に恵美のブログを見つけたようです。彼はそれを、恵美には伝えましたが、他の生徒に言いふらすようなことはしませんでしたが、何かの機会に担任には伝えたようです。

一週間後の学級活動の内容は「ネットのトラブルや危険性について」でした。担任は新聞の記事などを参考資料にして、チェーンメールは「迷惑メール」であることや、ワンクリック詐欺に巻き込まれたり、有料でメール交換させる出会い系サイトで高額の利用料を請求されたりするなどのトラブルの事例を挙げながら、授業を進めていきました。

そして、担任は「このクラスにもブログをやっている生徒がいるようです」と話しながら視線を恵美に向け、「困ったことになった実例は、今話した通りたくさんあります。トラブルに巻き込まれても知らないよ」と恵美を注視しながら続けました。担任の視線が恵美に向けられていることに気づいた生徒は「えっ、恵美がブログやっているの」と驚きの声を上げました。そのため、生徒の視線が恵美に集中し、恵美は下を向いたまま身を固くしていました。

この授業後、「ネットで出会った知らない人と実際に会ったりしてるの？」などと、友だちからも尋ねられるようになり、恵美自身は危険なことはしないし、トラブルに巻き込まれないように十分気をつけているにもかかわらず、多くの者から「恵美はブログをやっている危険な人」と見られるようになってしまいました。興味本位に話しかけてくる生徒はいますが、恵美と仲の良かった友だちも恵美との交遊を避けるようになってしまいました。

恵美の話を親身になって聞いてくれるのは、ネット友だちだけになってしまい、ネット友だちの「しばらくすれば、ブログのことはみんな忘れるよ。『人の噂も七十五日』だよ」とのことばが支えになり、学校では寂しい思いをしながらも登校を続けています。

このような事例では、担任は一般論として指導し、クラス内に該当する生徒がいることは、わからないようにすべきでしょう。本人には、別のところで指導するのがよいと思います。

このように言ってみてはどうでしょう

「このクラスにもネットを利用している人がいると思います。とても便利なものですが、危険な面もあります。何か不安なことがあれば、先生や親などの大人に相談してください。相談しにくいときは『迷惑メール相談センター』などを利用しましょう。」

45 髪形を直してきてください

以前に比べ、保護者の考え方と教師の考え方の差が広がったように感じます。当然共感してもらえると思った言い方が通用しないことが多くなってきました。ちょっとした言い方の違いから、いわゆる「モンスターペアレント」を生み出してしまうことがあるのではないでしょうか。

中学一年生の浩二は、入学式から少々変わった髪形をして登校してきました。頭頂部と側頭部の髪は短く、前髪と襟足の髪は長いという髪形でした。一目見て大変目立つ髪形であり、入学式でも周囲から奇異の目で見られていました。担任も気にはなっていましたが、初日ということもあり、保護者には何も言いませんでした。

翌日、浩二に「その髪型は、どうやって決めたの?」と聞くと、「お父さんがこういう髪形にしろと言って切った」ということでした。

担任は放課後、母親に、「少しあの髪形は変わっているので、直してきてください。前髪と襟足の髪を切ってもらいたいのです」と連絡をしました。しばらくしてから、父親から電話があり、「髪を切れとはどういうことだ。今から学校へ行くから、担任と校長ふたりで待ってろ」と、非常に興奮した声で怒鳴りつけられました。

浩二の両親は、非常に興奮して学校へ来ました。父親の言い分は、「生徒手帳を見せてもらった。学校の決まりの中には、パーマをかけてはいけないとか、髪を染めたりしてはいけないという内容はあるが、息子のような髪型にしてはいけないという内容は、どこにも見当たらない。なぜ髪形を変えなければいけないのか、納得できる説明をしろ」というものでした。また母親も、「中学生の中には、髪全体がやけに長く、ぼさぼさの髪の子もいる。そんな子に比べたら、息子の髪型の方がよほどさっぱりしている。息子の髪を切れと言うなら、ぼさぼさにしている子の髪も切らせるべきでしょう」と主張しました。

校長と担任は、たしかに生徒手帳には載っていないが、目立つような髪型にするのは、あまり好ましいものではないと説得したのですが、わかってもらえず、この髪形は絶対に変えないと言って帰って行かれました。

最近では保護者もそれぞれの価値観をもっています。それが学校の価値観と同一であるという前提では、保護者の信頼を得て、うまく連携していくのは難しいと思います。

このように言ってみてはどうでしょう

「あまり友だちから奇異の目で見られるのは、浩二君がかわいそうです。少し髪を切ってみてはいかがですか。」

46 お前の親は虐待だな

中学一年生の洋司の母親から担任に、電話がかかってきました。「先生は、うちの息子に『お前の親は虐待だな』と言ったそうですが、これは躾です。なぜ親が子どもを殴ってはいけないのですか」というものでした。

それは、昨日、母親が子どもに「夕飯を作りなさい」と頼んだところ、子どもが母親に口答えして「お母さんはいつも昼間からビールを飲んでいる。母親らしいこともしない。今日、担任の先生が、『お前の親は虐待だ』と言ってたよ。僕たちが言うことを聞かないと、母さんは殴るでしょう。それは虐待だって」と子どもが言ったという内容でした。

担任が母親に、「もう少し、具体的なお話を聞かせていただけると、ありがたいのですが」と話かけたところ、母親は「私は離婚をしています。息子はこのごろ、特に母親の私の言うことを聞かなくなりました。つい頭にきて子どもを怒ってしまいます。昼間からビールを飲んでいると、『俺の家には母ちゃんはいない』と言われて、子どもを蹴ったりしたこともあります。でも、これは私の躾なので、担任の先生にとやかくいわれる筋合いはありません」と強い口調で言われてしまいました。

二時間にわたり興奮した様子で話し続けましたが、担任が母親に「お母さんも、おひとりで苦労されているんですね」といたわりのことばをかけると、母親が急に涙声になり「私だって子どもを殴ったり、蹴ったりすることは、いけないと思っているんです。けれど、このごろ息子が私の言うことに反抗するのです。こんな時は、やはり父親がいないとダメなんでしょうか。父親でしたら、もっと強く殴って言うことを聞かせられるのでしょうが……」と話し、担任は「それもあるのかも知れませんが、いずれにしても、親といえども子どもの身体を殴るのはよくありません。子どもも成長していますので、手を出すのは、控えるようにしてください」と親に伝えました。

洋司は、中一としては身体が小さい生徒ですが、中学校の三年間で、男子は急に身体が大きくなり、力もついて大人の身体になっていきます。今は母親の方が、体格でも力でも勝っていますが、やがては洋司が成長し、立場が逆転します。

母親と洋司が助け合って生活できるように、母親のみでなく洋司にも援助していくことが必要です。

♧このように言ってみてはどうでしょう

「洋司が言うことを聞かないときに、お母さんに叱られるのは仕方ないかも知れないけど、殴るのはやり過ぎじゃないかな。お母さんはどうして殴るんだろうね。」

47 気にしないでほっとけ

中学二年生の博子は、口数の少ない生徒で、大勢でワイワイ騒ぐのは、あまり好きではなく、一人で行動することがよくありました。博子は入学してすぐにソフトテニス部に入部し、練習に励んでいました。しかし、二年生の六月になってから、練習を休むことが多くなりました。

テニス部の顧問は、博子のテニスの実力がかなり高いレベルであることを認め、二年生ではありますが、三年生を一人外して、博子をレギュラーにしようと考えていました。そのため、五月からは、博子を三年生のレギュラー候補のグループに入れて練習させていました。

そのようなときに、博子が練習に出てこなくなりましたので、顧問は授業後に博子を呼び、「体調が悪くて練習に出てこられないのか」と話しかけました。すると博子は「体調は悪くありません。でも、練習に参加しにくくて……」と話し始めました。

博子が練習を休む理由は次のようなものでした。練習の休憩の時に、二年生の部員の近くに行くと「博子は三年生と練習しているんだから、そちらで休憩したら」と言われ、かといって三年生の方にも行けず居場所に困ってしまう。ボレー練習中にも三年生と一緒に並ぼうとすると、「あれ、二年生が混じってるよ。あっ、そうか、博子は特別だっけ。さあ、どうぞ」などとわざとらしく言われ、練習に集中できない、というものでした。また、部室に置いたカバンが移動していたり、着替えた制服が裏返しになっていたりしたこともあると言います。話を聞いた顧問は「そうか、よく分かった。しかし、だからといって練習に出ないのはよくない。その連中は、テニスがうまい博子が羨ましいのだから、気にしないでほっとけ。今日は練習に来いよ」と博子に話しました。博子は「はい」と答えましたが、テニスコートに行く気にはなれませんでした。

レギュラーの座を奪われそうな三年生の生徒が、博子に嫌みを言う気持ちや、一人だけ特別扱いされている博子を羨む同級生の気持ちは想像できます。このような場合には、他の部員たちに対する配慮が必要です。

また、博子に「気にしないでほっとけ」と言っても、何の解決にもなりません。気にせずにはいられないからこそ、テニスの好きな博子が、練習を休んでしまっているのです。

♧このように言ってみてはどうでしょう

「そうか、そんなことがあったのか。それに気づかなくて悪かったね。顧問として、どうしたらいいか、何ができるか考えてみるよ。すぐには解決できないかも知れないが、博子を応援してくれる生徒もいると思うよ。」

48　もう勝手にしろ

以前なら、教師の怒りを、自分たちへの愛情と、生徒がうけとめてくれた場面でも、最近は、逆に受けとめるケースが増えてきたように思います。また、生徒たちの中に、教師の立場に理解を示そうとするリーダーが不在の場合は、教師への反発が、さらに顕著に表れるのではないでしょうか。

「俺、怒って教室から出てきちゃいました」そう報告してくれたのは、三十代半ばの非常に熱血漢で通っている男性教師です。授業中、あまりに意欲的ではない生徒たちの態度に頭にきて「もう勝手にしろ！」と捨て台詞を残して職員室へ引き揚げてきてしまった、というのです。どうやってこの事態を収めるつもりか聞いてみると、「きっと、生徒の方から謝りにきてくれるでしょう」という答えでしたが、〈そんなにうまくいくかな?〉と、私は心配していました。

案の定、生徒たちはいつまでたっても、謝罪に職員室へは訪れることはありませんでした。そのクラスの担任に事態を説明し、生徒たちがどのような気持ちでいるかを、確かめてみることにしました。すると生徒たちは口々に、「先生が勝手に怒って出ていったのだ」「授業をやらないならやらんでもいい」「先生は自分たちを見捨てたのだ」と担任に訴えました。

このことを熱血漢の教師に伝えると、「自分の気持ちをわかってくれているとばかり思っていたが……」と驚き、落ち込んでしまいました。結局、授業を放棄するわけにはいかず、その教師は再び教室に戻ったのですが、「とても気まずい思いをしながら、授業に入りました」と言っていました。

この教師の失敗は、生徒たちは自分の気持ちをわかってくれているものと勘違いしてしまっていたことです。そして自分のとった行動を、愛情と受けとめてくれると思ってしまった点です。後日聞いた話によると、やはり中には「先生に謝りに行った方がよいのでは」と提案する生徒もいたようですが、クラスのリーダー格の生徒が「先生が勝手に出て行ったんだ。『勝手にしろ』と言うのだから、自分たちの勝手にしていいんだ」と言い、全体がそちらの方向に流れてしまったということでした。

教師にとって教科指導は最大の使命です。その一番大切なものを犠牲にして、生徒を反省させようとするような指導は、控えなければならないでしょう。

このように言ってみてはどうでしょう

「きみたちの授業態度は良いとは思えない。しかし、そこは先生にも授業の工夫が必要だということだ。先生も頑張るから、君たちも協力してほしい。」

49　そんなに前のことで

中学二年の広志は、勉強は得意な方ではありませんが持ち前の明るさで、クラスの中でも人気者の生徒です。クラスの中にも仲の良い仲間がたくさんいますが、特に仲の良い男子四人のグループで行動する姿がよく見られます。そんな仲良しグループの中で暴力事件が起きたことは、私たち教師にとっては大きな驚きでした。鼻骨骨折の被害を受けたのは広志で、直接手を出したのはグループの中でも特に仲の良かった翔太でした。担任を中心に、学年の職員で手分けをして事情を聞くことにしました。

私が事情を聞いたのは翔太です。すでに翔太の様子はだいぶ落ち着いているように見えました。それ以上に、自分のしてしまったことの重大さに気づき始めているようです。まずは、どんないきさつで、どのようなことがあったのかを詳しく聞き取りました。その上で「仲が良かったように見えていたけど、どうしてこんなことになっちゃったのかな」と尋ねました。翔太は、「前はそうだったけど、あいつ、調子に乗りすぎなんだ」と話し始めました。「調子に乗り過ぎって、どういうこと？」と問うと、「七月の宿泊学習の時、悠輔の持ってきたお菓子を勝手に食べちゃったくせに、謝りもしないんだ。だから……」と答えます。事件が起きた今は十一月ですから、四カ月前のことが理由だというのに驚いた私は、「そんなに前のことで殴ったのか」と、少しきつい口調で言ってしまいました。このことばがけが良くなかったのでしょう、この後の翔太は、何を聞いても「別に」の一点張りです。四カ月の間に、四人グループの中で、どんなやりとりがあったのかを聞きたかったのですが、この日は翔太の口から聞くことはできませんでした。

ほかの生徒から話を聞いた様子を総合すると、事のいきさつは次のようでした。

七月のお菓子事件後、お菓子を食べられてしまった悠輔は、そのことで広志を責めるようになりました。グループのもう一人である孝博もそれに同調しました。二人に攻められる広志をかばったのが、正義感の強い翔太だったのです。翔太は、「お菓子を食べてしまったのは広志が悪い。でも、それを二人で責めるのはかわいそうだ」と二人をたしなめたのです。

しかし、その後も広志が悠輔に謝罪することはなく、それどころか、自分をかばってくれた翔太にまで、暴言を吐くことが何度かあり、それに耐えかねた翔太が、思わず手を出してしまったというのです。

私の聞き取りの際には、そのような背景に思いいたらず、また、話を聞かせてくれる翔太に寄り添うことができなかったために、翔太が口を閉ざしてしまうことになったのでした。

♧このように言ってみてはどうでしょう

「それはずいぶん時間が経っている話だねえ、もう少し詳しく聞かせてくれないか？」

50 先生に言ってくれれば何でも力になるから

中学二年の俊恵は体調不良で保健室で休養している時、養護教諭の私に「一年の夏から家でイライラするとリストカットをしている。血を見るとなんかホッとする」とぽつりと言いました。そして、私に左手首の切り傷と、制服で隠れる太ももの傷を見せました。心配した私が「大事な身体に傷をつけてはいけない」と言うと、俊恵は「誰も私のことを心配してくれなかった」と涙を流しました。その後、俊恵は安心して私にいろいろな話をするようになりました。

半年前に俊恵の両親は離婚して、母親は小学生の妹を連れて家を出て行きました。俊恵は中学生ということもあって、父か母のどちらにつくかの選択を自分でするように言われ、「お父さんがかわいそう」と父親と一緒に今の家に留まることを選びました。そのころから大人への不信感が強く、特に教師には、本心を語ることはありませんでした。その俊恵が私には自分の気持ちを正直に話せるようになってきたのでした。

俊恵は保健室を訪れては「またやっちゃった」とリストカットの傷を見せ、私に心配してもらったり、叱ってもらったりすることで満足していました。家庭の様子や自分の気持ちを徐々に話すようになりました。私は「先生に話してくれれば、何でも力になるから」と俊恵に声をかけました。受け入れてもらえたと感じた俊恵は、その後も私に、いろいろな話をしに来ました。

しかし、俊恵のリストカットはエスカレートしていき、傷は深く、数も増えていきました。やさしく声をかけてくれる教師に、誇らしげに傷を見せびらかし、いたわりのことばを求めるようになっていました。俊恵が、教師が特別扱いしてくれていることに優越感を感じているようにも見えましたので、私は「俊恵だけ特別な扱いはできないよ」と伝えました。

しばらくして、母親はリストカットのことを心配してくれるのに、父親は何もしてくれないと俊恵が訴えてきました。学校では、父親と相談しながら対応していましたので「お父さんも俊恵のことをちゃんと見ていてくれているよ」と話すと、俊恵は「先生は、私に何でも力になってくれるって言ったのに、何もしてくれない。うそつき」と言いました。これをきっかけに、俊恵と私の信頼関係は崩れ、それ以降、俊恵は私に反抗的な態度をとるようになりました。

教師は子どもが自分を頼ってくると「自分が何とかしなくては」と思い込みがちです。状況に応じて「誰と分担するのがよいか」を、冷静な目で見きわめていくことが大切です。

このように言ってみてはどうでしょう

「先生に話してくれてありがとう。先生もあなたと一緒に考えていきたいと思っているから、何かあったらまた話しに来てね。関係の先生に入ってもらうから。」

51 相談室に行っておいで

中学校二年生の孝夫の母親が、参観日の授業中に突然血相を変えて相談室へ入って来ました。そして、「うちの子は担任の先生に『相談室へ行け』と言われた。相談室でうちの子は勉強をしていると聞いたが本当か。先生はここでどのような学習方針で指導しているのか、その内容を聞かせてほしい」と私に言われました。

孝夫は父親の仕事の関係で、小学校入学以来、何度も転校を経験しており、中学校も本校で二校目です。私は「孝夫くんは転校してばかりで気持ちが不安定です。担任と孝夫くんで相談して一日一時間だけ、気持ちを落ち着かせるために相談室に来ています。内容は図書館の本を読んだり、自分の好きなことをしています」と話しました。

すると、母親は激怒して「あなたは相談室の先生でしょう。不登校の子どもをみればいいのになぜうちの子にそんなことをさせているのですか」と私は罵声を浴びさせられました。

母親に「孝夫くんは授業中に無断で教室を出て行き、非常階段から屋上の柵をよじ登ってしまったこともありました。担任の先生がほとほと困ってしまい、孝夫くんと話をして、気持ちが落ち着かない時は相談室へ行き、こころの安定を図ってから教室へ戻るようにしてみようと、今は試しているところです。お母さんには今日の参観後に、このことをお伝えするつもりでいました」

とお話しました。さらに、私は母親に「孝夫くんは自分でこの学校へ転校することを望んでいましたか。前の学校ではどうしてよいのか困っていたのではないでしょうか。私は、お母さんや担任の先生と一緒に、孝夫くんにはどのような方法がよいのか、一緒に考えていきたいと思っています」とお話しました。

参観日の日程が終わって担任も相談室へ来ました。そして、孝夫の学校内での様子、家庭での様子についてお互いに情報交換の話し合いを行いました。担任が「いつでも学校へ参観に来ていただいてかまいません。孝夫くんのために力をかしてほしい」と言うと、母親は安心して帰って行かれました。

集団の中では学習に集中できず、落ち着けない生徒でも、一人になって他から余分な刺激が入らないような環境にすれば、集中して学習に取り組めることがあります。注意欠陥多動性障害（ＡＤＨＤ）の生徒には、特に大切なことです。

このように言ってみてはどうでしょう

「不安な気持ちになったのなら、相談室へ行って、こころを落ち着かせてみよう。落ち着いたら戻っておいで。」

52 チェーンメールを送った子の気が知れない

中学生にもなると、多くの子どもたちが、自分専用の携帯電話を持っています。仲の良い友だちには、メールアドレスを知らせて、メールで何気ない会話や連絡を毎日のようにしています。携帯電話が子どもたちの日常生活に浸透し、今や、友だち関係をつなぐ大切な手段になっています。

中学二年の愛美は、おとなしく、先生の言うことを真面目に守る子でした。愛美も自分専用の携帯電話を持っていて、仲のよい友だちと電話番号やアドレスの交換をして、毎日頻繁にやりとりをしていました。そんな愛美の携帯のメールに、チェーンメールが入ってきました。送り主は友だちの理恵でした。

内容は「殺人事件の犯人を暴力団が探しています。犯人でない人は、三日以内に七人にメールを回すこと。メールを止めてしまった人の情報は、全て暴力団に流れ、組員によって殺害されます」というものでした。こんな恐ろしいメールを「本当にごめん。本物らしいので、回したほうがいい」と理恵から送られた愛美は、不安におののきながらも、送るべきか止めてしまおうかと悩みました。しかしすぐに、あの理恵も送っているから大丈夫と思い、愛美はこのチェーンメールを友だちに送ってしまいました。

翌日、そのチェーンメールが届いた子の母親から、子どもが不安になっているので、学校で指導をしてほしいという連絡が入りました。

翌朝、担任の先生は「昨日、このクラスの生徒の携帯電話に、恐ろしい内容のチェーンメールが届く事件がありました。先生は、嘘の内容を信じて、チェーンメールを送った子の気が知れない。受け取った子は、とても不安になるので、絶対に送ってはいけない。送った子は、正しい判断ができないのではないのか」と学級全体の場で注意しました。

その後、愛美は「悪いことをしてしまった」「友だちに顔を合わせられない」と学校を欠席するようになってしまいました。愛美は、真面目な子でした。チェーンメールが送られてきた恐怖から、指示通りに多くの友だちにメールを送ってしまったのです。

メールを送ってしまう子どもの気持ちを理解したうえで、チェーンメールを防いでいく指導法を、学校でも研究していきたいものです。

このように言ってみてはどうでしょう

「チェーンメールが送られてきてびっくりしたよね。怖くてメールを送ってしまったのかな。でも、チェーンメールは止めてしまって大丈夫だよ。心配なときは、先生に相談してね。」

53 まだ、掲示板をやっていたの！

中学生のなかには、パソコンや携帯電話からホームページやブログ、掲示板を作成している子や、友だちの掲示板に書き込みをしている子がいます。その書き込みのなかには、書き込んだ本人の名前は明記せずに、掲示板の作成者への悪口を書き込んだものもあります。

美幸は、明るく、男女問わずはっきりと物事が言える子でした。美幸は中学一年生の冬から携帯サイトに掲示板を作って、日ごろの学校の出来事や、自分の思っていることを書き込んでいました。そして、数人の友だちにアドレスを知らせて、自分の掲示板に書き込みをしてもらい、そこでの会話を楽しんでいました。そのころの美幸は、保健室を訪れて、掲示板の楽しさを養護教諭の私にも話してくれました。私は掲示板の危険性を話し、美幸に「掲示板はやめたら、友だちとは直接話したほうがいいよ」と話したのですが、美幸は「アドレスは仲のよい友だちしか知らないから大丈夫」と言っていました。

中学二年の春になると、美幸は頻繁に、頭痛を訴えて保健室に来るようになりました。美幸の掲示板に、「美幸うざい。男子とばっかり仲よくしゃべってる。クラスでも、でしゃばりすぎ」といった内容の書き込みがあり、誰が書き込んだか、わからない状況のようでした。美幸の掲示板は、特定の友だちしか知らないはずなのに、悪口を書き込んだ人物のメールアドレスは、美幸が知らないものでした。「誰が私の掲示板を教えたのか。友だちが信じられなくなった」と私に話しにきました。以前から美幸に掲示板を止めるように注意していた私は、思わず「まだ、掲示板をやっていたの！　あれほど、いやな思いをするから止めなさいといっていたでしょ」といってしまいました。それ以来、美幸は保健室を訪れなくなりました。

美幸はその後も、掲示板を消そうとせず、自分の掲示板に悪口を書き込んだアドレスが、誰のものなのか、友だちを追及していたようです。

生徒の作った掲示板が、本人も知らない間に、広まっていってしまうのは、よくあることです。教師が危険を感じて予防法を知らせても、子どもたちには実感できないことが多々あります。掲示板の落とし穴にはまってしまった時には「分かっていたことでしょう」と突き放すのではなく、友だちへの不信感を取り除きながら、掲示板の危険性や、かかわり方を考えさせていくべきでしょう。

♧このように言ってみてはどうでしょう

「掲示板、とっても楽しんでいたのにね。誰が書き込んだかわからないけど、名前や顔が見えない掲示板は怖いね。でも友だちを信じるこころは大切にしてね。」

54 真衣さんはどうなんでしょう？

中学二年の真衣は母親と大変仲が良く、学校での出来事も家でよく話すようです。楽しかったことはもちろん、真衣が感じる友人の気になる点も話題にのぼります。当然、話を聞いた母親はコメントもしますし、親としての考えを話し、時には「それは違う」と諭すこともあるそうです。

そんな真衣と仲の良い級友である由紀の母から、二人の担任である私に電話がありました。用件は真衣の母親のことです。「娘の由紀が真衣さんの家へ遊びに行かせてもらった。そのときの由紀の態度について、真衣さんのお母さんから、ずいぶん嫌みを言われ、とりあえず謝ったが、後から考えると、きちんとあいさつができないのは真衣さんも同じだし、真衣さんがうちに遊びに来たときは、勝手に冷蔵庫を開けたり、寝室に入ったりする。しつけができていないのは、むしろ真衣さんの方で、うちばかりが一方的に嫌みを言われるのはおかしい。先生から話してもらえないか」という内容でした。真衣の母親に対する同様の苦情が、他の保護者からも以前から何度かありましたので、私は、真衣の母親と話をすることにしました。

来校した真衣の母親に、「由紀さんのお母さんからお話がありましたが、由紀さんのことを注意してくださったそうですね」と切り出しました。「そうなんです。あの子ったら、うちに遊びに来ても、きちんとしたあいさつもできないし、服装もちゃんとしていないんですよ。由紀ちゃんのお母さんにも、『もっとしっかりさせた方がいいよ』って、言ってあげました」と得意満面です。

私は「子どもの気になる姿を見たときは、それを見逃さずきちんと言ってあげることが大切ですよね」と前置きをしつつ、「よその家に行ったとき、真衣さんはどうなんでしょう?」と尋ねると「うちの子にはいつも言っています。あいさつをきちんとしたり、身だしなみを整えなさいって。だから心配ありません」と答えが返ってきました。どう話したらよいか困った私は、「聞くところによると、真衣さんが友だちの家に行ったとき、その家の冷蔵庫を開けたりするようですよ」とついそのまま話してしまいました。とたんに母親の表情が険しくなり、「どうして先生がそんなことを知っているんですか? 誰に聞いたんですか?」と、逆ギレ状態になってしまいました。

自分はしっかりしつけをしているつもりの真衣の母親を、私が否定してしまったからです。

♣このように言ってみてはどうでしょう

「先方のお母さんにもお子さんの様子をお知らせしたり、注意したことを伝えてくださったんですね。その折に、自分の家の子の様子も尋ねてみたらどうでしょう。外でのお子さんの様子がわかり、その後に生かせる材料が見つかるかもしれませんね。」

第5章　中学校三年生から高校三年生

55 明日も来られるよね

中学三年生の遼子は、一年生の二学期からほとんど登校できなくなりました。たまに登校すると、緊張と不安から極度に疲れてしまい、登校は続きませんでした。二年生になるとほとんど登校できなくなり、二泊三日の野外活動にも参加しませんでした。三年生になり、中学校の思い出にと意を決して修学旅行に参加しましたが、その後はまた登校できなくなりました。

卒業式を間近にひかえた二月半ば、「みんなと一緒に卒業したい」という思いから、意を決して登校しました。担任は、彼女が登校できたことをとても喜びましたが、教室には入れなかったため、相談室に案内しました。

その後、それまで彼女がしようとしなかった卒業制作の版画や、卒業文集の原稿用紙を彼女のところに持って行きました。卒業前のいろいろな提出物や書類がたまっていて、それを久しぶりに登校してきた遼子に書かせ、提出させたかったのでしょう。そして、「明日も来られるよね。まだやってもらわなければいけないことがいっぱいあるから」と言ったのです。

その時点では遼子は学校にいることが精一杯でした。遼子にとっては、登校すること自体が大仕事なのです。たくさんの提出物と先生のことばは、遼子をとても疲れさせてしまったようです。

「私はこんなに頑張ったのに先生はそれを全然褒めてくれなかった。もう疲れた。明日はもう無理」という気持ちになってしまいました。

担任は遼子にも他の生徒と同じように卒業制作の版画を完成させ、卒業文集にも遼子の文を掲載してやりたいと思ったのでしょう。残された日時も少なくなり、「卒業後もずっと残るものだから、何とか遼子にも」という善意の気持ちからの焦りが「明日も来られるよね」ということばになったのだと思います。しかし、遼子の立場になってのことばではありません。「自分の学級も他の学級と同じように全員の作品を揃えたい」という担任の気持ちがあったのかも知れません。


不登校の生徒は、「今日は行ってみよう」「今日は行けそうだ」という思いで、登校します。その時点では、明日のことは念頭にありません。そんな時に「明日も……」と先生に言われると「もう無理」という気持ちになってしまうのでしょう。

子どもの気持ちに寄り添った、教師のことばかけがあれば、自分の体調や気持ちと相談しながら登校ができるのではないでしょうか。

♧このように言ってみてはどうでしょう

「今日は頑張って来たね。大丈夫？　疲れたかな？　疲れたのなら、無理しないで明日は休もうか。」

56　お母さん、こういうときは背中を押さなきゃ

一浩は中学三年生です。小学校の時に発達障がいと診断され、中学入学時に特別支援学級に入りました。

小学校の時から登校したがらないことが時々ありました。中学三年生になり欠席が増え、週に二・三日休む状態が続くようになりました。

そんな中、五月末の修学旅行に向け、担任もクラスメイトも「一浩と一緒に修学旅行に行こう」と、気持ちを一つにしていました。一浩の心理的負担をなるべく少なくするために、仲のよい子と部屋を一緒にしたり、班を一緒にしたりと、担任はこころを砕きました。修学旅行の一週間前になると、毎日班の子が「修学旅行、一緒に行こうね」と電話をかけました。

初めのうちは、一浩は修学旅行をとても楽しみにしていたのですが、当日が近づくにつれ、緊張感が高まってきました。学校へ行けない日も増えてきました。

そして前日の朝、一浩は不安定になり、食欲もありません。母親は一浩の神経を刺激しないよう静かに見守りました。

しかしその夜、一浩はお風呂でパニックを起こしてしまいました。修学旅行への不安が大きくなりすぎて、爆発してしまったようです。その夜、一浩はほとんど眠ることができませんでした。

当日の朝、一浩は「修学旅行へは行かない」と、自分からいいました。母親が朝、自宅まで迎えに来てくれた担任にそのことを伝えると、担任は「お母さん、こういう時は背中を押さなきゃ」と言ったのでした。

母親は「先生にそう言われて悲しかった。一浩の気持ちを受け入れ、自分で結論を出した一浩を褒めてほしかったのに」と後日、他の先生に話したのでした。

この事例では、担任もクラスメイトも一浩が一緒に参加できるよう、いろいろと配慮を重ねています。それだけに当日になって「行かない」と言われた担任は、これまでの努力と支えようとしたクラスメイトの気持ちを考えて、先のことばを発したのだと思います。ただ、欠席がちの生徒に参加を促すアプローチをする際には、本人の様子の変化に気を配ることが大切です。当日の朝では難しいことですが、緊張・不安が強くなっていることに気づいていれば、何らかの対処が可能だったと思われます。

♧このように言ってみてはどうでしょう

「一浩くんが自分で決めたことですから、そうしましょう。帰ったら、旅行の様子をお知らせしたいと思います。」

57　やる気出そうよ

私が担任している中学三年の明雄は、普段の授業でもやる気が見られず、宿題もほとんど提出できない生徒です。以前は平均点前後の得点だった国語のテストも、三年生になってから急に点数が下がってきました。ますますやる気が減退しているように見えます。時折声をかけるのですが、「めんどくさい」の一点張りで、なかなか気持ちを学習に向けることができません。

一学期も残りわずかになり、通知表をつけてみると、予想されていたこととはいえ、「1」の評定がずらっと並んでしまいました。このまま夏休みに入っても学習に気持ちが向かないだろうと考えた私は、保護者に来校していただき、本人を交えた相談の場を持つことにしました。テスト結果を初めて見たという母親は、あきれてしまい、ことばを失っていましたが、「こんな点じゃ、高校に入れないでしょう」と声を荒げました。明雄はそれには応えずふくれっ面をして黙り込んだままです。「明雄くんは、高校に進学したいんだよね。そのためには中学校の学習内容をきちんと身につけておかないとね」と私が言うと、「うん、分かってる」と答えます。

「でも、普段の授業の様子やテストの結果を見ると、真剣に学習しているとは思えないんだよ」というと「だってめんどくさいもん」と埒があきません。母親も「勉強が好きな子なんていないのよ。でも、みんな頑張ってるでしょ」と明雄を責めます。私が、「将来はどんな仕事に就きたいの？」と問うと、「保育士」と小さな声で返答がありました。「そうか、保育士になりたいんだね。大変だけどやりがいのある仕事だと思うよ。どうして保育士になりたいと思ってるの？」「もともと幼い子は好きだし、職場体験でやってみたらおもしろかったから」と、ようやく話が弾んできました。明雄なりに将来のことを考え、また、そのためには高校から上級学校に進学して資格を取得しなければならないことも知っていました。将来の目標が持てているのだから、その実現に向かって、今やらなければならないことも分かっているように見えました。

「じゃ、やっぱり今頑張って勉強して、まずは高校に入れるようにしないとね。中学三年生なんだから、この夏休みは大切だよ」と私が話すのを、うつむいたまま聞いていて、「よし、頑張ろう」という表情にはなりません。「やる気出そうよ」と言ってみても、表情は変わらないままです。私はどう声かけをしていいのか、悩んでしまいました。

このように言ってみてはどうでしょう

「勉強するのが面倒なんだね。どうしたらやる気がでるのか一緒に考えよう。」「夏休みの学習計画を一緒に立ててみようか。」

58 お前がどうなっても俺には関係ない

中学校三年生の愛子は十二月の三者懇談会で受験する高校をA高校にしようか、B高校にしようかと、とても悩んでいました。

愛子は朝の受験対策勉強会に、寝坊して遅刻したり、欠席することが目立っていました。そんな状況もあり、担任や教科担任には愛子が真面目に学習に取り組んでいるようには見えませんでした。志望校の調査用紙にも適当に校名が書いてあり、その姿勢を見ていた担任がつい「お前がどうなっても俺には関係ない、俺は痛くも痒くもないわ」と言ってしまいました。愛子は泣いて家に帰り、部屋に閉じこもってしまいました。

翌日、愛子は学校を休もうと思ったものの母親には言えず、いつも通り家を出たものの困っていました。登校はしたけれど教室には行けずに廊下でウロウロしていました。養護教諭の私が通りかかり、「どうしたの」と声をかけた途端、愛子は泣き出してしまいました。下を向いて、ただ泣いているばかりで、私には全く状況がわかりません。

そこで私は愛子を保健室へ連れて行きました。どこか身体の具合が悪いのかと尋ねても、首を横に振るだけです。そこで、私は愛子に「ちょっと事務室へ書類を置いてくるから、待ってて」と言って、担任に愛子の状況を知らせに行きました。担任は「昨日『お前がどうなっても俺には関係ない』と言ってしまった」という話をしてくれました。

愛子は前回の総合テストの結果が思うように伸びなかった。もう少し努力すれば、A高校を受験しても大丈夫なのに、愛子は「だったら、ランクを下げてB高校にすればいいや」と安易に考えている。だから、自分の一言で腹を立てて逆に「よし頑張って見返してやる」という気持ちになってくれればと思い、言ったことばだ、という担任の説明でした。

私は保健室に戻り、愛子に「昨日何かあったのかな」と切り出すと、「うん、担任の先生から嫌みを言われた」と話をしてくれました。そこで「愛子に担任の先生はどんな気持ちで言ったのだろうね。愛子が憎くて言ったのだと思うのかな」という話をして、少し考えさせました。すると、「私は受験生なのに朝の勉強会に真面目に参加してなかった」と自分の行動を反省し、明るい表情になったので、「教室に行ったら」と送り出しました。

このように言ってみてはどうでしょう

「先生は愛子のために、どうしたら希望が叶うのか真剣に考えている。君も自分の将来をよく考えて、きちんと取り組んでほしいな。」

59 どこを受けたいのか、はっきりしなさい

中学校三年生の二学期も半ばを過ぎるころになると、卒業後の進路希望も具体的になってきます。隆広の友だちも「A大付属に決めた」とか「少し難しいけれどB高校にチャレンジすることにしたよ。ダメならC高校に行く」と具体的になっていました。

隆広は夏休み前には公立のB高校が第一志望と進路調査に書いていたのですが、二学期初めにはA大付属に変わり、今はまたB高校に戻り、はっきりしません。そこで担任が「志望がB高校からA大付属に変わって、また今回はB高校に戻っているけれど、迷っているの」と確かめますと、「ええ、なかなか決められなくて……」と認めました。

担任が「迷うのは仕方のない面もあるけれど、もう決断する時期だね」と言いますと、「それは分かっているのですが」とはっきりしません。そこでさらに担任が「隆広はフラフラし過ぎる。もういい加減にして、どこを受けたいのか、はっきりしなさい」と迫ると「はっきりできるならとっくにしています。できないから困っているんです」と怒るように言って、隆広は黙ってしまいました。

担任はこのことばで、進路以外の場面では、自分で判断してテキパキと活動してきた隆広が迷うのは、「何らかの事情がありそうだ」と考え、その場は「両親とも相談してもう一度考え、早

めに結論を出そう」と話して終わりました。

隆広は夏のテニスの大会で県のベスト8まで勝ち残った実力の持ち主です。成績も上位で、A大付属もB高校も合格可能です。A大付属はテニスの強豪校でもあり、学力レベルも上位にあります。担任は隆広がA大付属志望で問題なく決まると思っていました。そこで、担任は直接保護者の意向を確認することにしました。すると「えっ、隆広はB高校で決まっているはずですが」との返事でした。隆広が迷っていることを伝えると「A大付属は四月に隆広から聞きましたが、父親が『そんな私立でなく、俺の母校のB高校にしろ』と言い、隆広は『うん、分かった』と納得したはずです」とのことでした。そこで、もう一度進路について話し合うように頼みました。

翌日、隆広は「本当はA大付属に行きたい」と父親に話したけれど「あんな運動だけで、学力レベルの低い学校だと卒業後困るぞ」と取り合ってもらえなかったと言うことでした。父親は自分の中学生時代のA大付属をイメージしており、今では学力レベルも上がり難関校の一つになったことを知らないのでした。

♧このように言ってみてはどうでしょう

「何か決められない事情があるのかな。話してくれれば先生も一緒に考えることができるんだけど。」

60 携帯はもう解約だね

中学三年の静香の母親から担任に、「娘の携帯に、嫌がらせのメールが来たんです。どうしたものかと思い、先生にお知らせしました」という話がありました。そのメールを見せてもらうと「うざいから学校来んな」という内容で、発信者のアドレスも表示されています。そう報告を受けた私は、担任にこころあたりを聞いてみました。具体的なこころあたりはないものの、おそらく送信したのは学級内の生徒だろうということで、静香本人はもちろん、保護者の了解も取った上で、学級の生徒に投げかけることにしました。

「クラスの仲間の中に、嫌がらせメールが送られてきた人がいる。そのメールには『うざいから学校来んな』と書かれていた」と事実を知らせ、そうした発信者の分からないメールを受け取ったらどんな気持ちになるかを全員に考えてもらいました。「こわい」「気持ち悪い」「学校に来たくなくなる」「悪質ないじめだ」「許せない」などと、クラスの生徒たちからは、メールを送った者への怒りを前面に出す意見が相次ぎました。その上で、「今回クラスの誰が受け取ったのか、あるいは、そうしたメールを送った者について、知っていることを正直に書いてごらん」と投げかけたところ、メールを送信した者についての情報が数人から寄せられました。それらの生徒と担任が面接する中で、その中の一人が「自分がやってしまいました」と名乗りでました。

名乗りでた者がいたことを聞いた私は、その後の指導を担任に任せました。ところが翌日、今度は私のところへ母親から電話がありました。「このたびは、息子が大変なことをいたしまして、ご迷惑をおかけしました。静香さんのお宅を訪ねて謝罪してきました」との報告までは良かったのですが、「担任の先生に『携帯はもう解約だね』と言われたのですが、その方が良いでしょうか」と言うのです。担任としては、いけないことをした責任を取らせたいと考えたようです。

この事例で大切なことは、携帯の解約を迫ることではなく、自分のしてしまったことは何がどういけないのかということを強く反省させ、今後の生活の中でそれをどのように教訓として生かしていくかを考えさせることであり、同じ失敗を繰り返さないような成長を促すことです。あわせて、正直に申し出た勇気を認め、今後のことを一緒に考える姿勢を示すことが、担任として生徒に寄り添うことになるのではないでしょうか。

♧このように言ってみてはどうでしょう

「よく正直に話してくれたね。勇気のいることだと思うよ。でも、君がやってしまったことは確かにいけないことだと思う。どこがどうしていけないのか、また、やってしまったことに対して、どう反省したらよいか、一緒に考えよう。」

61　だからだめなんだ

学校生活の中では、係活動や生徒会活動などやらなければいけないことはたくさんあります。そのすべてをきちんとこなしていくことが理想ですが、うまくいかないこともあって当然です。なぜうまくいかないか、教師としてはその原因を追究するわけですが、そこに落とし穴があることもよくあります。

私が担任をしている中学三年生の真由美は給食委員長をしており、まじめな性格で仕事をきちんとこなしたいという気持ちを持っている生徒でしたが、その思いが強すぎて、妥協ができない面がありました。

そんな真由美の母親から電話がありました。母親は「生徒会の仕事をやっているのだが、期限までに間に合わなくて、いつもいらいらしている。きちんとこなそうとするあまり、時間がかかってしまい、寝不足になることも多い。この間はついに期限までに仕事が仕上がらず、生徒会顧問の先生に『前にも言ったとおり、優先順位を決めて仕事をしていないんだろ、真由美はだからだめなんだ』としかられ、今はとても落ち込んでいる」という話でした。

真由美本人から話を聞くと、「委員会の仕事だけではなく、三年生だから勉強もしなくてはならないし、部活動のこともある。たくさん『あれもやらなきゃ、これもやらなきゃ』と思いながらやっていると、どれも中途半端になってしまいそうで自分がいやになってしまう。でも、いいかげんな仕事をするのもいやだから、ついつい時間がかかってしまう。そこが自分の悪いところだとわかっているのだが、あらためて指摘されると、自己嫌悪に陥る」ということでした。

このことを生徒会顧問に話すと、「真由美が本当にまじめに仕事をする生徒であることはわかっています。しかし、今までも委員会の仕事が期限に間に合わず、他の生徒会役員に迷惑をかけることがありました。その原因は、優先順位を決めて仕事をしない要領の悪さと、期限よりも仕事の内容を重視する点だと前々から考えていたので、つい私はそのことを本人に言ってしまいました」と反省していました。

多くの教師は「もっとこうすればうまくいくのに」と考え、良かれと思ってアドバイスするのですが、この事例のように以前の失敗を引き合いに出して指摘することは避けた方が良いのではないでしょうか。また、指導も否定的な言い方ではなく。肯定的な言い方が有効でしょう。

このように言ってみてはどうでしょう

「いつも仕事をきちんとやろうとしている真由美に感謝している。でも、無理しないで順序を考えてやれるものからやろうよ。」

62　あんたの妹は何？

中学三年生の晴子には、恵子という中学一年生の妹がいます。恵子は発達障がいがあります。晴子は小さいころから恵子の世話をしてきました。恵子は興味のあるものを見つけると、知らないところでもすぐにとんで行ってしまいます。晴子は恵子が迷子にならないように、いつも恵子の様子に注意していなければなりませんでした。

恵子は自分の感情を上手にコントロールできないため、一緒に遊んでいる子どもとけんかになると、すぐに手が出てしまいます。そんな時、相手の子やその母親に謝るのは晴子でした。

また、恵子の言動がとても目立つため、晴子は友だちから「あんたの妹、どうにかしてよ」などと、苦情をいわれることも少なくありません。

そんな恵子が、晴子と同じバレー部に入部しました。しかし、恵子は朝の練習には出ない、放課後の練習もたびたびさぼったり、チームワークを乱すような言動をしたりで、晴子はとても肩身の狭い思いをしていました。

そんなある日、恵子は自分のバレーシューズを忘れ、無断で晴子のバレーシューズを履いて練習をしていました。それを知った晴子は、どうにも我慢ができなくなって、恵子と取っ組み合いのけんかをしてしまいました。

部員に話を聞いた顧問が、あわてて二人のもとへやってきました。そして「あんたの妹は何？　ちゃんと面倒みなさいよ」と言ったのです。

晴子は小さいころからぜんそくの持病があり、その夜ひどい発作が起こりました。晴子は自分の進路のこと、妹のことなどたくさんの悩みを抱えていました。悩みを抱えながらも一生懸命頑張っていた晴子でしたが、顧問の「あんたの妹は何？　ちゃんと面倒をみなさいよ」ということばでぽきんと頑張っていた気持ちが折れてしまったのです。

それから晴子は、学校を休みがちになってしまいました。

発達障がいのある生徒でも、外見からは障がいの有無はわかりません。どのようなことが苦手で、どのような対応や支援をするとよいかを、関係する教師や生徒に具体的に伝えることで、トラブルを少なくすることができます。

このように言ってみてはどうでしょう

「二人ともどうしたの？　いつも面倒をみてあげている晴子さんが恵子さんとけんかをするなんて……。晴子さんの今の気持ちを聞かせてくれない？」

63　あなたの気のせいじゃない？

近年では、高等学校の学区制度が以前より厳しくないため、本人が希望すれば多少自宅から離れてた学校にも入学することができます。そのため、中学校時代に精神的な課題を抱えた生徒は、地元から離れた学校に入学する例が多くみられるようになりました。

高校一年生の京子は、一時間半ほどかけて通学しています。入学して半月がたったころ、京子は腹痛を訴えて保健室に来ました。養護教諭の私は問診をすませ、精神的なものが原因であると判断し、さりげなく「学校はどう？　慣れた」と尋ねました。すると京子は、ちょっと顔を曇らせ「あまり人づき合いが得意な方ではないので、まだ慣れません」と答えました。

数日後、京子と同じクラスの女子生徒が「京子さんが、クラスの男子から悪口を言われていて、最近休みがちになっている」と私に話してくれました。私が、担任に、このことを伝えると、早速、担任は京子に事情を聞き、悪口を言っていると思われる男子生徒に話を聞きました。すると、確かに授業中に悪ふざけをして悪口を言っていたことがあったが、それは京子に対してではなく、京子の前に座っている仲間の男子生徒に対してであることが分かりました。

そこで、担任は京子に「あなたに対する悪口は言っていないそうよ、あなたの気のせいじゃない？　気にしない方がいいわよ」とやさしく話しました。すると京子は少し悲しそうな顔をして帰って行きました。あくる朝、学校に行こうと家を出た京子は、駅のホームで泣き出してしまい、学校に行かれなくなってしまいました。

このことを知った私は、担任に「確かに、事実は違っていたのかもしれませんが、思春期の子は他人からどう見られているのかに過敏になる時期です。他人に対して言われたことでも、自分に言われていると感じてしまうことが多いのです。気のせいではないかと言われたことで、こころが折れてしまったのかもしれませんね」と話しました。すると担任は、「そうですね。京子がずっと辛いと思っていた気持ちを受けとめてあげるべきでしたね」と反省していました。

人は誰でも、落ち込んでいるときには、ものごとを悪くとらえてしまいがちです。特に人づき合いが苦手な生徒は、ちょっとしたことでも自分に向けられていると思ってしまう傾向があります。教師はそのような生徒の考え方や感じ方を理解した上で、事実を伝えるだけではなく、その状況で生徒がどのように感じていたのかを考え、解決の糸口を一緒に考えることが大切です。

このように言ってみてはどうでしょう

「辛い気持ちでいたことに、気づかなくてごめんなさい。仲間の男子に悪口を言っていたみたいだけど、間に京子がいるんだから、京子が自分に言われたと思うのも当然だよね。」

64 寝ていてくれたほうが静かでいい

勉強が苦手で、文字をみるだけでも憂鬱になる生徒にとって、じっと座って五十分の授業を受けるほど苦痛な時間はないと思います。

高校一年生の誠も勉強が苦手で、じっとしていることのできない生徒でした。ですから、授業中は、携帯電話をいじりながら友達に話しかけたり、友達の席まで立ち歩いていったりするなど、授業妨害的な行動が目立ち、各教科の教師を困らせていました。

ある日、そんな誠に国語の教師が耐えきれなくなり「誠、君はいつもうるさすぎる。やる気がないなら、授業に出てこなくていい」と注意を与えたのです。

すると誠は「授業に出なきゃ、単位くれねぇだろ。学校はやめたくねぇからな」と反論しました。その教師は「授業に出ていても、そんな態度では単位をやらない。しゃべったり、立ち歩いたりしているくらいなら、寝ていてくれたほうが静かでいい。その方が、まだみんなの迷惑にならない」と言ってしまったのです。

次の時間から、誠は寝ていることが多くなりました。あまりにも寝ていることが多いので、国語の教師が「おい、たまには起きて取り組まないと単位認定できないぞ」と言うと、「だってお前が寝ていろと言ったんだろ」と言い、その後も寝ている始末です。

そして、一学期の成績をつける段階になり、国語の教師が誠に「君は再三の注意にも従わなかったので、予告しておいたとおり、評定は一だからな」と伝えたところ、誠が猛反発したのです。「だって、寝ていろと言ったのはあんただよな。だから、言われたとおり寝ていただけだ。そうすれば静かだからって。あんたに言われたとおり、静かにしていたのに何で一なんだよ。納得できねぇよ」

それを聞いた教師も「君の言っていることは屁理屈だよ。そんな言い訳が通るわけがないだろう」とご立腹です。

ここまでくると、売り言葉に買い言葉になってしまって、全く解決のめどが立ちません。

この教師も、最初は誠にしっかり授業に取り組んでほしくて「静かに授業を受けなさい」と言いたかったのだと思いますが、感情のコントロールができずに失敗してしまったのです。

♧このように言ってみてはどうでしょう

「授業に出ていても、何もしないで単位だけもらおうというのは無理があるだろう。誠はどんなことならやれそうなのかな。」

65 困った時には、いつでも連絡をしてください

携帯電話や電子メールの普及により、コミュニケーションをとる方法も多様化してきました。これらの状況は教育現場でも同様であり、学校への敷居が低くなったせいか、保護者によってはなにか困ったことがあるたびに、教師の携帯電話に連絡をしてきたり、メールを送ったりしてくることが多くなっています。特に、自分の子どもが不登校のような状態に陥ったときには、わらにもすがる思いで連絡をしてくる場合が少なくありません。

高校一年生の孝子は、入学当初は楽しそうに登校していましたが、次第に笑顔が少なくなり、休みがちになっていました。担任も気になり始めたある日、夜十時すぎに孝子の母親から携帯電話に連絡が入り「孝子は、女子の数人から仲間はずれにされている。今、泣きながら話してくれた。この状況をどうにかしてほしい」と伝えてきました。いじめがあると聞いた担任は、ただ驚き「事実をすぐに確かめます。困った時には、いつでも連絡をしてください」と応じました。

それからというもの、母親は孝子の様子を毎晩、延々と担任の携帯電話に連絡してきます。そして「すぐに席替えをしてもらいたい」とか、「いじめをする生徒とは違うクラスにしてもらいたい」といった要求をするようになりました。

担任が「多少のいざこざはあったものの、それがいじめに繋がっている事実はありませんでし

た」と調査結果を伝えても、聞き入れる様子はありません。

携帯電話や電子メールなどの普及と、保護者の意識の変化により、孝子の母親のような保護者が増えています。しかし教師が保護者と、勤務時間外に学校を離れて連絡をとりあうことは、保護者の過度の依存を招きます。その結果、学校に対する要求が増大する例をよく耳にします。

また、保護者が子どもの前でこのような行動をとることで、親の不安が子どもに伝わってしまい、あまり良い影響を与えません。不登校の生徒に対しては、学校と保護者だけではなく、スクールカウンセラーや教育相談センターなどとも連携した支援が必要な場合もあります。

まず、保護者との連絡は学校内で行うということや、学校でできることとできないことを明確にするなど、支援する枠組みや学校の限界を、保護者に示すことが重要です。その上で、他の機関との連携を図り、保護者とともによりよい解決方法を考えることが必要になります。

このように言ってみてはどうでしょう

「お母さんが不安になって電話をかけていらっしゃるお気持ちは察しますが、電話では十分に伝えられないこともあります。直接、お話しをうかがいながら、今後のことを一緒に考えたいと思うのですが、学校に来ていただけないでしょうか。」

66 頑張って！

教師は、生徒を励まそうと「頑張って！」と声をかけることがよくあります。たいていの生徒は「はい、頑張ります」と答えると思います。しかし、中にはこのような励ましがかえって負担になる場合があります。

高校二年生の美加は、一年生の冬休み前から幻聴に悩まされるようになり、精神科に通院しながら、自宅療養をしていました。しばらくすると、気持ちが落ち着き、保健室登校ならできるようになりました。そして、現在では、少しずつ教室にも復帰できるようになってきました。休んでいて勉強も遅れてしまったため、個別の学習指導も受けています。そんな美加に対して熱心な教師ほど「頑張ってね」と励ましのことばをかけます。

先生が特別に指導をしてくれることは、ありがたいと感じていた美加でしたが、次第に気分が落ち込み始めてしまいました。そして「いろいろな先生に『頑張って』って言われるけれど、今までにも十分頑張っているのに、これ以上何を頑張ればいいのか分からない」と、私に泣きながら訴えました。

程度の差はあるものの、こころに課題を抱えながら、学校に登校している生徒は、少なくありません。美加は精一杯の勇気をふりしぼり、毎日頑張って登校しようと努力していました。精一杯頑張っている美加に、さらに「頑張って！」と声をかけることは励ましにはなりません。

幻聴の背景に何があったのかを考える必要があります。個々の事例によって具体的な理由は様々でしょうが、共通するのは精神的な行き詰まりです。精神的なゆとりと、今後への明るい見通しが持てるように接することが指導者には大切です。

美加のような生徒には無理に頑張らせずに、自分のペースで余裕を持って続けられるようにしてあげることが大切です。そのためには、指導者が欲張らないようにこころがけ、その生徒のペースに合わせることが基本です。「頑張って！」ということばかけは、精神的なゆとりを奪い、逆効果になりかねません。

まずはゆっくりと子どもの話を聞くことです。子ども自身が、どうあったらいいと望んでいるのかを語らせることができれば、展望が開けるでしょう。

♧このように言ってみてはどうでしょう

「調子はどう？　無理しないでね。少しブランクがあったんだから、わからなくても当たり前だよ。わかるところまで戻って、慌てないで少しずつ進めていこうね。」

67 こんなレベルの低い学校で教えたくはなかった

教師は誰でも自分の教科について研究し、試行錯誤を繰り返しながら、生徒の興味関心をいかにして高め、学力をどのようにしたら伸ばしてやれるか、ということを考えていると思います。ですから、その生徒のレベルに合わせて授業を展開することは、教えることのプロとして当然です。しかし、教師の期待に反し、授業に乗ってこない生徒も少なくありません。

高校二年生の葉子は、中学のころから英語が苦手でした。高校に入っても、その苦手意識は変わらず、授業への取り組みも積極的ではありませんでした。ですから、普段から注意を受けることが多々あったようです。

そんなある日、葉子は授業に遅刻したばかりでなく、自分の席にも着かず、その日たまたま空いていた級友の席に座りました。そして、授業中にもかかわらず、親しい友人と私語を始めたのです。普段から厳しい目で見てきた英語の教師が、「何をやっているんだ。自分の席に着きなさい」と強い口調で言ったことをきっかけに、葉子と言い争いになりました。

葉子の「だいたいあんたの教え方がへたくそだから、やる気が出ないんだ」ということばで、堪忍袋の緒が切れたのでしょう。この教師は、「だから、こんなレベルの低い学校で教えたくはなかったんだ」と生徒たちの前で、言ってしまったのです。

このことが葉子を通じて母親に伝わり、学校にクレームが来ました。担任が英語の教師にこのことを告げましたが、その教師は、「最近の保護者には、自分の子どものこともよく分からずに、文句を言ってくるクレーマーが多くなりましたね」と反省の様子はありませんでした。

そしてさらに、葉子のクラスの次の授業中に、「最近の保護者にはクレーマーが多い」と、生徒たちに言ってしまったのです。

これがまた葉子を通じて母親に伝えられ、再度、学校に「あの先生がおっしゃっていたクレーマーとは、私のことですよね。授業中に生徒にそんなことを言うなんて、どういうことでしょうか」という厳しいご意見をいただく結果となってしまいました。

どんなに授業を工夫しても、生徒が乗ってこないことはあるものです。それを生徒や保護者のせいにして、感情的なことばをぶつけてたところで、何の解決にもなりません。

このように言ってみてはどうでしょう

「私の教え方がへただから、やる気が出ないんだね。そうかもしれない。葉子はどんな教え方ならやる気が出ると思うのかな。」

68 他校のことですから、そちらへ

高校の文化祭は、学校の一大イベントであり、生徒会の役員や顧問が中心となり、入念な準備と様々な企画がされるため、一般の見学者も大勢来られます。この「自他の並立」の世代になると、視野も広がり、学級・学校全体としても総合的に取り組むことができるようになるのです。しかし、学校によっては、暴走族のような招かれざる客が来て、学校に迷惑をかけていくケースもあります。このようなトラブルが毎年のようにある学校は、警察と連携するなどして、特別な警戒態勢をとって文化祭の一般公開に臨む例もあります。

高校二年生の翔子は、中学生のときの同級生が通っている他の高校の文化祭に行くのを楽しみにしていました。今まで自分の学校の文化祭しか見たことがなかったので、他校の文化祭にとても興味があったからです。文化祭当日は、やはり中学校で同級だった亜紀と一緒に出かけました。翔子は高校の校則が厳しく、髪の色や服装に乱れはありませんでしたが、亜紀は高校には進学せずにアルバイトをしていて、髪も金髪でした。

二人が高校の校門を入ってくと、生活指導らしき教師が駆け寄ってきて二人を止めました。その先生の第一声は「君たちは何しに来たの」でした。翔子が「文化祭を見に来ました」と答えると、翔子と亜紀の頭のてっぺんから足先までを見て、「君たちのような子には、本当は来てほし

くないんだけど、あまり害はなさそうだから、入ってもよいでしょう」と言ったのです。これを聞いた翔子は非常に不愉快になり、「だったら、入りません」と言って、そのまま帰ってきたのです。

この件を聞いた翔子の両親は大変立腹され、当該の学校長に苦情の電話をしたようですが、それでも納得できず、翔子の担任に面会を求め、文化祭の件を話しました。担任は、他校の教師に対する苦情だと分かると「他校のことですから、そちらへ言ってください。私に言われても何にもなりませんから」と言いました。ただでさえヒートアップしていた両親は「あっちで埒があかないから話しに来たんだ。担任のあなたは話を聞いてやろうとする気はないんだな」と言って、一層怒って帰って行きました。もともと、ＰＴＡの活動や学校行事に協力的だった翔子の両親ですが、これ以後、最低限のことしかしなくなってしまいました。

他校での出来事とはいえ、保護者の気持ちには耳を傾けるべきでしょう。

このように言ってみてはどうでしょう

「そうですね。お話を聞くとご両親が立腹されるのは当然だと思います。その学校の先生にどのようにしてほしいですか。私から話をしてみてもいいのですが。」

69 様子を見ることにしよう

高校三年生の美樹は、同じクラスの女子とうまくいっていませんでした。原因は、美樹が友人の悪口を言うことや、美樹には彼氏がいるのに、他の男子とも親しげにすることでした。

ある日、美樹が担任である私に「今朝登校したら、私の机の上に『死ね』と書いてありました。これはいじめです」と言ってきました。私が「まだその字は残っているかい」と聞くと「気分が悪いので、すぐに消しました」というのです。そこで私は「誰にやられたのか、思い当たることはあるかね」と尋ねると、美樹は「たぶん里奈だと思います。あの子が一番私に文句を言ってくるから」とはっきりと答えました。

いじめやからかいの類は、教師の見ていないところで起こるため、把握することがなかなか難しいものです。「された本人がいじめととらえれば、それはいじめである」といいますが、一方の主張だけを鵜呑みにして生徒たちを指導すると、とんでもない失敗をすることもあります。

美樹のことばだけで、すぐに里奈を問いただすことはすべきでないと判断した私は、「でも、本当に里奈がやったのかは分からないから、しばらく様子を見ることにしよう」と言いました。美樹は、納得できないといった感じでした。

実は、前にも美樹が同じことを訴えてきたことがありました。しかし、周りの証言や美樹が話していることの矛盾などから美樹を問いただすと、自作自演だということがわかりました。その時は保護者懇談が近づき、成績の悪さを母親にとがめられたくない一心で、話題の矛先を変えるためにしたことでした。私は、ひょっとしたら今回も自作自演ではないかと思い、しばらく何も対応しないことにしたのです。

翌日、母親から「娘がいじめを受けたのに、様子を見るというのはどういうことでしょうか。『様子を見る』ということは『何もしない』ということですよね」と苦情の電話が来ました。

結局、今回のことも自作自演であったと美樹の口から聞くにいたったのですが、美樹が相談に来た時に、思いこみで対応すべきではなかったと、反省しました。

前回は自作自演だったとしても、今回のことについての真偽は分からないのですから、きちんと調べる必要がありました。美樹の訴えに真剣に耳を傾けることができていれば、自作自演の背景にあるものも見えてきたと思います。

♧このように言ってみてはどうでしょう

「美樹は里奈がやったと思うんだね。また繰り返されたら嫌だよね。どうしたらいいか、先生と一緒に考えよう。」

70 そんな考えじゃ教師になんて、なれっこないぞ！

高校三年生の前期の試験は、推薦入試などをねらう生徒にとって評定を上げる最後の機会であり、緊張を高めている時期でもあります。小学校低学年からピアノのレッスンを受け、音楽の教師を目指している三年生の雄一は、そのような生徒とは少し違いました。

志望校を国公立大の音楽科教員養成課程と決め、帰宅したあとも、ピアノのレッスンはもとより塾での勉強を含めると一日五時間以上の勉強をしていました。そんな日々が続き体調を崩してしまった雄一は、早退したいと担任に申し出ました。担任は「定期試験も近いので、体調をとり戻してしっかり勉強するように」と言いました。しかし、雄一はその時、思わず「僕にとっては、今は学校の試験よりも、大学の受験勉強をしたいという気持ちで一杯なのです。学校の試験の勉強はあまりしたくないのです」と、正直な気持ちを口にしました。

それを横で聞いていた教師は、雄一が自分の授業中に、他教科の勉強をしていることを苦々しく感じていたこともあり、「お前、教師になりたいのか！　それなのに、そんな考えじゃ教師になんて、なれっこないぞ！」と声を荒げました。雄一は、その場を逃げるように帰って行きましたが、その教師から言われたことばにひどく傷つき、しばらく学校を休んでしまいました。

教師からみれば「学校の勉強をやらずに受験勉強をしたい」という生徒や、授業中に受験勉強のため、他教科の参考書を開いている生徒は、わがままで、許しがたい存在かもしれません。また、怒りの感情の裏には、自分の存在が無視されている、生徒に受け入れられていないという不安があることも考えられます。

教師ならば感情的に生徒を指導するのではなく、生徒がそのような行動をしてしまう裏に、どのような気持ちがあるのかを考えることが必要だと思います。雄一の気持ちが分かっていれば、受験勉強の不安を抱えながらも、将来に向けて、今何をしなければならないのかに気づかせ、日々の勉強にも身を入れさせることができたのではないかと思います。

高校三年生は、自己実現のための進路活動に向けて、どの生徒も精神的に不安定です。教師が生徒の行動の裏にある気持ちに気づくことで、生徒の危機的な状況を、乗り越えさせることに繋がると思います。また、教師自身も、感情にまかせて怒りをぶつけてしまった理由を、自らに問うことが必要だと思います。

このように言ってみてはどうでしょう

「受験に向けて一生懸命頑張っているんだね。焦る気持ちも分かるが、今やるべきことをきちんとやった上でじゃないと、本当の力はつかないと思うよ。」

71 また、お前か

生徒指導係をしていると、立場上どうしても特定の生徒とのかかわりが多くなります。手がかかる生徒は、校則違反に始まり、反社会的問題行動、非社会的問題行動と、何度となく問題行動を繰り返してしまうことが多いからです。

高校三年生の竜也もそんな生徒の一人でした。一年生のころの頭髪指導から始まり、喫煙、万引き、深夜徘徊、バイク免許の無断取得などで、再三指導を受けてきました。

そのたびに竜也は「もう二度と保護者や学校に迷惑をかけません」と言い、我々教師も「今度こそ信じているからな、裏切るなよ」などと励ましてきました。

しかし、反省指導が終わって一カ月ほどは授業態度もよく、学校生活も安定しているのですが、またすぐに服装の乱れが始まり、生活態度もだらしなくなってしまうのです。

そんなある日、学校に地域の方から苦情の電話がありました。本校の生徒が公園で焚き火をしているのですぐ来てほしいというものでした。

慌てて駆けつけた私は、そこにたたずんでいる竜也を見つけました。私が「焚き火をしていたのはお前か」と聞くと、「はい」と素直に答えました。私はそのとき竜也に向かって「また、お前か。いったい今まで何を反省してきたんだ。いつも何か問題が起こると、必ずお前が絡んでいるな。今回もまたお前だもんな」と言ってしまったのです。竜也は何も返事をしませんでした。

学校に連れて戻り、焚き火をした理由や、なぜライターを所持していたかなど、事情を詳しく聞きました。その間、竜也は終始落ち着いた態度で、喫煙で指導された以後も、実は煙草をやめられなかったということ、寒かったので少し落ち葉を集め、ライターで火をつけたことなどを素直に話してくれました。

そして最後に、「学校をやめます」と言いました。私は「安易にそんなことを言ってはいけない」と忠告しましたが、竜也は「先生はさっき『また、お前か』と言ったじゃないですか。自分が悪いから仕方がないけれど、ショックでした」と言い、結局、学校を去ってしまいました。

私は、あのとき、感情的にことばを発してしまったことを後悔しています。

「またか」と思うことは何度も経験することです。繰り返すには、家庭事情や友人関係など、何らかの背景があります。まず、その点から考えて対応していく必要があります。

このように言ってみてはどうでしょう

「寒かったのか。焚き火をしたくなるのもわかるけれど、場所を考えないといけないぞ。」

72 今日は、大丈夫か？

教師は、「大丈夫？」と気にかかる生徒によく声をかけます。声をかけられた生徒は、「先生、ありがとうございます。大丈夫です」と答えることが多いと思います。しかし、中にはこの「大丈夫？」ということばを負担に感じる生徒もいます。

保健室によく来室する高校三年生の明美は、二年生になってからリストカットを繰り返すようになり、精神科に通院し、服薬治療や定期的なカウンセリングを受けながら、学校に通っています。

手首には、無数のリストカットの傷跡があり、教師や友だちは心配しながらも、どのように声をかけてよいのか分からない状態です。そのため、明美の担任は、朝、明美の顔をみるたび「今日は、大丈夫か？」と声をかけてしまいます。

そのような声をかけられるたび、明美は笑顔で「はい、大丈夫です」と答えています。でも、きまってそのあとは少し落ち込み、保健室に来て、養護教諭の私に訴えます。「『大丈夫？』って、朝から先生に会うたびに聞かれるけれど、それってとても負担です。だって、本当は大丈夫じゃないのだから。『大丈夫？』って聞かれて、大丈夫じゃないときに、どう答えていいのか、分からない」と言います。

明美のように、ちょっとしたことでも気持ちが落ち込み、不安を感じてしまうなど、こころに課題を抱えながら登校している生徒は、思春期を迎える年代では意外に多いのです。

そのような生徒たちを、教師は心配し「大丈夫?」と声をかけます。しかし、一般の生徒に比べて不安定な精神状態にある、明美のような生徒にとって、「大丈夫?」という声かけは、かえって不安定にしてしまう恐れがあります。

そのような生徒には、自分のペースで行動できるようにしてあげることが大事です。背伸びしたり、自分をよく見せたりする必要はなく、ありのままの自分を肯定的に受け入れられるようにすることが大切です。そして、基本的には普通に接した上で、このような生徒たちが心身とともにゆっくり休むことができるよう、さりげなく配慮することが必要です。

♧このように言ってみてはどうでしょう

「おはよう。調子良さそうだね。でも、あまり無理はしないでね。」

73 けがをさせられた訳ではないのです

学校には、体育や部活動、休み時間、学校行事など、さまざまな場面があり、けがはつきものです。生徒がけがをした場合は、応急処置をし、医師の治療が必要な場合は、保護者に迎えに来てもらうか、教師がつき添って病院に連れていくことになります。

高校三年生の綾香は、体育の選択授業でテニスをしていました。体育教師は、各自素振りの練習をするように指示し、他の生徒とぶつからない距離をとるように注意しました。でも綾香は、数人の友だちと話していて、注意を聞き漏らし、十分な距離を取らないまま、練習を始めてしまいました。そして、素振りをした瞬間、隣の生徒のラケットに自分のラケットをぶつけ、その反動で、自分のラケットで左目を殴打してしまいました。体育教師がすぐに気づき、養護教諭の私を呼び、私は念のため眼科を受診した方がよいと判断しました。母親には連絡が取れなかったため、学校長の判断で、私が病院につき添い診察を受けさせました。診断の結果は、少し眼球に傷がついているものの、たいしたことはないとのことでした。

その後、私は母親に連絡し「他の生徒のラケットが当たって、けがをさせられた訳ではなく、自分の不注意でけがをしてしまった」と、けがの経緯とその後の処置について説明しようとしました。しかし、母親はそのことばをさえぎり開口一番、「あなた、けがの説明をする前に、先に何か言うことがあるんじゃないの」と、きつい口調で私を責め立てました。母親の言い分は「学校でけがをしたのだから、責任は学校にある。それに対してまず謝罪のことばがあってしかるべき」というものでした。他の生徒から、けがをさせられた訳ではなく、自分の不注意で起こしたけがであり、体育教師も何度も注意をしていたことから、学校側の落ち度は少ないと私には思えましたが、母親の怒りはおさまらず、「謝罪がない」と、管理職に訴えました。

このごろは、学校もサービス業であると考え、どのような状況で負ったけがでも学校が責任を取るべきと考える保護者が増えています。ひと昔前は、教師が謝罪をすることは、学校が責任を認めることになるので、慎重にするようにいわれていましたが、最近では学校でのけがが、裁判で争われることも、めずらしくありません。それだけに、保護者への初期対応が重要になってきています。生徒自身の不注意であれ、学校内でのけがにより、保護者に心配をかけたという点で、謝ることも必要になるかもしれません。

このように言ってみてはどうでしょう

「病院に行くほどのけがで、綾香さんには、本当につらい思いをさせてしまいました。また、保護者の方にもご心配をおかけしてすみませんでした。」

おわりに

学校現場で児童・生徒や保護者とのトラブルの多くは、かけることばやタイミング、場所などが適切であれば回避できると思います。私の教師経験を振り返ってみたとき、「しまった。あんな言い方をしなければよかった」とか、「よかれと思って話したことなのに、誤解されてしまった」と省みたことが何度もありました。このような失敗を振り返ってみて共通するのは、「自分の都合を優先した結果、口を出たことば」であったことです。本書の禁句の中には、そのような例が随所に見られます。

私の経験ですが、保護者の信頼を得て、その子どもの指導に、とてもよい結果が得られた例があります。

小学校五年生の担任をしていたとき、七月の個人懇談会でのことです。京介の母親に「お待たせしました」と声をかけました。すると京介の母親は、蒸し暑いのにもかかわらず、教室と廊下の間の窓と前後の出入り口の戸を、すべて閉め始めました。その様子を見て、私は「なぜだろうか」と考えました。すべて閉め終わって、ようやく席に着いた京介の母親に「京介君は、とてもよく気のつく子ですね。先日、私が教材を運ぶのに苦労していたら、それに気づいた京介君が『先生、持ってあげようか』と手伝ってくれたんですよ」と話しました。すると、硬い表情で下を向いて座っていた母親の視線が私に向けられ、緊張していた顔が見る見るうちに緩み、「先生、京介をほめてくれたんですよね」と〈信じられない〉という表情で確かめました。

これまで京介の母親は個人懇談会でほめてもらったことなどなく、忘れ物やよくない行動を指摘される声が外にもれないようにと、窓を閉められたのでした。京介には頑張ってほしいことや直してほしいことなどがいくつもありましたが、私から話すまでもなく、母親は、よく承知しているようでした。「母親の気持ちを考えて、話したことば」であったことが、よい結果をもたらしました。

旧著『これだけは知っておきたい教師の禁句・教師の名句』は中国語に翻訳され、中国・台湾でも出版されました。続いて、二〇〇四年四月には韓国でも翻訳出版されました。これは、儒教精神と厳しい教育方針で知られる韓国でも、教師がことばを考えて、児童・生徒やその保護者と接しないとトラブルになる例が増加していることを物語っています。ことばがけが大切なことは、どこの国であっても同じであり、教師と児童・生徒や保護者の関係のみならず、どのような人と人との関係でも共通することです。本書で紹介した事例は、学校での場面に限定されていますが、家庭での親子の会話や近所づきあい、職場などでも参考になることがあると思います。本書を子どもや保護者へのよりよい対応を考える上で、参考にしていただければ幸いです。

馬場賢治

内容別目次

【7】日常生活

【8】保護者への対応

執筆者・協力者一覧（五十音順、執筆時勤務先）

執筆者

浅井裕子　愛知県東郷町立東郷中学校
内山和弘　長野県屋代南高等学校
浦野和子　長野市大橋保育園
大谷雅亮　長野市立長野高等学校
岡田俊男　埼玉県羽生市立井泉小学校
小池良江　長野市立桜ヶ岡中学校
佐久間浩美　東京都立三原高等学校
清水慶一　長野県駒ヶ根市立赤穂中学校
諏訪耕一　浪合こころの相談室
滝川貴美子　愛知県新城市「あすなろ」指導員
武田富子　愛知県日進市立西小学校
馬場賢治　愛知県東郷町立春木中学校
林　直樹　長野県坂城町立坂城中学校
平田八寿子　岐阜県高山市美鳩幼稚園
松井京子　埼玉県久喜市立桜田小学校
松田世志子　長野市立南部小学校

編集委員

清水慶一・諏訪耕一・馬場賢治

編著者

諏訪耕一

1937年　愛知県豊田市生まれ。

1965年　愛知県公立中学校教諭に。

1994年　長野県下伊那郡阿智村に，不登校児者の回復施設「浪合こころの塾」を設立。

2003年　「浪合こころの塾」に代わり，同村内に「浪合こころの相談室」を開設。

馬場賢治

1952年　岐阜県関市生まれ。

1975年　愛知教育大学教育学部社会科卒業。

1976年　愛知県公立中学校教諭に。以降小・中学校に勤務。

清水慶一

1965年　長野県岡谷市生まれ。

1988年　信州大学教育学部卒業。

〃　長野県公立中学校教諭に。以降中学校に勤務。

新版《しんばん》　これだけは知《し》っておきたい教師《きょうし》の禁句《きんく》・教師《きょうし》の名句《めいく》

2011年5月10日　初版発行

編著者　諏《す》訪《わ》耕《こう》一《いち》
馬《ば》場《ば》賢《けん》治《じ》
清《し》水《みず》慶《けい》一《いち》

発行者　武馬久仁裕

印　刷　舟橋印刷株式会社

製　本　協栄製本工業株式会社

発行所　株式会社　黎《れい》明《めい》書《しょ》房《ぼう》

〒460-0002　名古屋市中区丸の内3-6-27　EBSビル

☎052-962-3045　FAX052-951-9065　振替・00880-1-59001

〒101-0051　東京連絡所・千代田区神田神保町1-32-2

南部ビル302号　☎03-3268-3470

落丁本・乱丁本はお取替します。　ISBN978-4-654-01859-8